EUROPA POCKET

Curt Riess | Karl Lüönd

St. Moritz

Die Geschichte des mondänsten Dorfes der Welt

EUROPA POCKET

INHALT

DENK ICH AN ST. MORITZ …

… und jeder, der einmal dort gewesen ist, denkt gern an dieses Dorf. Und dann hat man gewisse Assoziationen. Jedenfalls ich habe sie. Ich denke an Berge. An ewigen Schnee. An einen ruhigen See, der unendlich tief zu sein scheint. Ich denke an die Sonne, an sehr viel Sonne. Und an Hotels.

Und wenn ich an Hotels denke, dann muss ich immer an Theater denken. Sie haben so vieles gemeinsam, die Hotels und die Theater. Hier wie dort gibt es eine Art Zweiteilung: Vor den Kulissen und hinter den Kulissen. Es gibt Menschen, die alles aufbieten, um andere Menschen zu amüsieren, zufriedenzustellen, glücklich zu machen.

Manchmal gelingt es, manchmal nicht. Ich denke hier an die Theater, denn in St. Moritz ist es noch immer geschafft worden.

St. Moritz ist nicht nur Bergkulisse. Schneekulisse, Waldkulisse, Seekulisse. St. Moritz ist nicht nur das, was sozusagen hinter den Kulissen vorgeht. Auch die Zuschauer dieser Schau, St. Moritz genannt, waren und bleiben stets interessant. Wie viele erlauchte, ja gekrönte Persönlichkeiten sind in St. Moritz gewesen!

Wie viele Prominente sind hier durchpassiert! Wie viele berühmte Stars! Wie viele Sportgrößen! Wie viele der geheimnisvollen Beherrscher der Welt, von denen man sonst nur in den Zeitungen liest und hört, dass sie ihre Jachten durch die Ozeane fahren, kann man hier in Fleisch und Blut besichtigen!

Die meisten Orte, wohin man pilgert, fährt oder fliegt, sind mehr oder weniger Modesache. Sie kommen ganz plötzlich ins Gespräch, «man» muss dort gewesen sein. Und ganz plötzlich kommen sie wieder aus dem Gespräch. Um nur ein ren – schon von St.Tropez gewusst? St. Moritz gibt es schon lange …

Aber wie lange es St. Moritz schon gibt, habe ich erst erfahren, als ich mich an das Studium der zum Teil uralten Historien, Akten, Briefe, Dokumente machte.

St. Moritz ist sehr, sehr alt. Erstaunlich, wie jung es sich erhält. Manche Frau könnte von diesem Ort lernen.

Aber genug der Vorreden! Vorhang auf!

ALLER ANFANG IST GANZ ANDERS

Kurdirektor Peter Kasper sagt:

«Vor allem heißt es nicht St. Móritz, sondern St. Moritz!» Er fügt erklärend hinzu: «Wir nennen uns nämlich nach Mauritius. Das war der Führer einer Thebäischen Legion, die vom römischen Kaiser Maximilian gegen die Christen in Gallien entsandt wurde. Unterwegs meuterten seine Truppen, und er selbst starb den Märtyrertod. Im Engadin wurde er Patron einer Kirche – jedenfalls vor 1139 gebaut, denn damals kaufte sie zusammen mit vielen anderen Kirchen für 800 Mark Silber und 60 Unzen Gold der Bischof von Chur. Um die Kirche gruppierten sich ein paar Häuser. Später wurde ein Dorf daraus: St. Morítz!»

«Es heißt auch nicht die Bernina, wie allgemein gesagt wird, sondern der Bernina. Unser Heimatdichter J. C. Heer hat ja ein sehr schönes Buch über das Engadin geschrieben, aber dass er unseren Piz Bernina verweiblicht hat, werden wir ihm nie verzeihen. Natürlich hätte sein Buch heißen müssen ‹Der König des Bernina›, aber das hat ihm wohl nicht gefallen, und er machte daraus ‹Der König der Bernina›. Es mag besser so klingen, ist aber falsch.»

Übrigens muss man Heer zugeben: Er hat die einmalig schöne Landschaft wirklich einmalig schön beschrieben. Die frühen Reiseführer von St. Moritz schreiben nur, St. Moritz sei das «höchstgelegene Dorf des Engadins, umgeben von malerischen, meist schneebedeckten Bergen, die um die 3000 Meter hoch sind. Im Hintergrund Gletscher und auf den Abhängen dichte Wälder ...»

Aber es war wohl ein Dichter notwendig, um den See, der meist von einem seltsamen geheimnisvollen Grün ist, zu beschreiben, oder wie die berühmten Berge innerhalb weniger Sekunden ihr Aussehen völlig ändern.

Es sind bald einzelne Riesen, die wie Brillanten glitzern, bald unheildrohende Türme, die auf einen niederzustürzen drohen, jetzt hinter hineilenden Nebelschleiern verschwinden und plötzlich wieder auftauchen, bald beängstigend nah, bald unnahbar fern. Und die duftenden Wälder – eigentlich sind es Märchenwälder, man kann sich in ihnen verlieren, man kann, in ihnen geborgen, alles vergessen, sogar den Betrieb von St. Moritz, auch wenn es nur ein paar Schritte entfernt ist.

Aber zurück zu St. Mauritius – auch San Murazzan genannt – oder eigentlich viel, viel weiter zurück. Es begann ja nicht mit ihm, es begann früher, nicht das Dorf St. Moritz, aber die Quelle. Die war wohl immer schon da. Die Heil spendende Quelle, in der man badete, die gab es schon in der Bronzezeit. Wissenschafter haben das festgestellt.

1519 war es, als Papst Leo X. an der Stätte des heiligen Mauritius Ablass verlieh – nicht ohne ein kleines oder auch größeres Entgelt zugunsten der St. Peterskirche in Rom. Er hatte sich über Mangel an Kundschaft nicht zu beklagen, es kamen zahlreiche Fürstlichkeiten aus den benachbarten Ländern über die verschiedenen Pässe ins Engadin, allerdings nicht nur, um ihr Seelenheil zu finden, sondern weil sie um ihr leibliches Wohl besorgt waren, kurz, um aus der Quelle zu trinken.

1535 erschien der große Arzt Philippus Aureolus Theophrastus Bombastus von Hohenheim, genannt Paracelsus, in St. Moritz und stellte über die Quelle fest: «Ein acetosum fontale (=Sauerbrunnen), das ich für alle so in Europa erfahren habe, preise, ist im Engadin zu Sanct Mauritz; derselbige Brunn laufft im Augusto am säuristen. Der desselbigen Trancks trinket wie einer Arztney gebührt, der kann von Gesundheit sagen …»

1566: eine schreckliche Überschwemmung, die das Engadin verwüstete. Der Chronist Ulrich Campell berichtete: «Die gewaltige Überschwemmung währte vom 24. bis 30. August; in ganz Rätien wurden die meisten Brücken weggerissen. Allein im Engadin deren zwölf, viele Häuser zerstört, Wiesen und Felder überschüttet. Das ganze Tal Engadin wurde völlig entstellt, die Sauerquelle von St. Moritz wurde mit hohem Schutt überdeckt. Es dauerte fast 50 Jahre, bis das Engadin sich von diesem Schlag erholte.»

Was nun die Kur anging, sie war, um es gelinde zu sagen, anstrengend. Gemäß einer Trinkordnung des italienischen Arztes Antonia Casati, die im Jahre 1674 gedruckt wurde, musste der Kurgast mit einem Liter pro Tag beginnen und es innerhalb von zehn Tagen bis auf zehn Liter pro Tag bringen, danach in weiteren zehn Tagen auf einen Liter zurückgehen. Das Wasser musste drei bis vier Stunden vor der ersten Mahlzeit geschluckt werden. Wie der Kurgast das fertigbrachte, war seine Sorge …

Trotzdem oder gerade deshalb kamen, wie schon gesagt, hohe und höchste Herrschaften, es kamen insbesondere adelige und hochadelige Damen, manchmal brachten sie ihren Gatten mit, wie etwa die Frau des Herzogs Franz Farnese, 1699, zu dessen Empfang die drei Bünde eine eigene Gesandtschaft absandten. Manchmal kamen auch die Männer nicht mit, ja, es ist anzunehmen, dass die hohen und höchsten Damen gelegentlich St. Moritz insgeheim aufsuchten, und zwar aus einem ganz bestimmten Grunde.

Sie waren schwanger. Und sie wollten es nicht bleiben.

Die geschilderte Rosskur hatte vor allem diesen Zweck. Darüber wurde ganz offen gesprochen – wenn auch nicht den Gatten gegenüber –, ja, sogar geschrieben.

Später erschienen dann auch Damen, wieder adelige und hochadelige, aus dem genau entgegengesetzten Grund ihrer früheren Besuche. In einem Reisebereicht des Landgrafen von Hessen aus dem 17. Jahrhundert findet sich der Passus:

«Das Bad ist gesund,
Schwanger wurden Frau, Magd und Hund!»

In den nächsten Jahren, bis tief ins 18. Jahrhundert hinein, machte man sich immer wieder Gedanken über den Gehalt der Quelle, Analysen wurden durchgeführt, und über die Möglichkeit, den Austritt der Quelle zu verlegen, wurde unendlich oft debattiert; einmal brachte man sogar Granitplatten an, aber das geschah gegen den Rat vieler, die meinten, die Qualität des Wassers würde sich dadurch verschlechtern.

Stark umstritten war auch die Frage der Unterbringung der Kurgäste. Im Neujahrsblatt des Jahres 1811 ließ sich die «Gesellschaft zum Schwarzen Garten» in Zürich wie folgt vernehmen:

«Die Celebrität, die dies heilsame Wasser hat, könnte den, der noch nie hier gewesen, leicht auf den Gedanken bringen, eine Menge schöner geräumiger Häuser vorzufinden, aber wie sehr würde diese Erwartung getäuscht; denn nichts als ein kleines Häuschen erblickt man über der Stelle, an der dieses Wasser der Erde entquillt, dessen Äußeres sowie seine innere Einrichtung bis noch vor zwei Jahren alle Begriffe von Armseligkeit überstieg …

Beim Eintritt ins Gebäude selbst, ebenen Fußes, sieht man einen aus roten Granitplatten bestehenden Wasserbehälter von etwa drei Schuh ins Gevierte, dessen Grund und Seitenwände ganz mit Eisenocker überzogen sind. Hier, in einem engen Raum, wo sich kaum ein Dutzend Personen bewegen können, drängen sich die Kurgäste pêle-mêle zum Brunnen, um von dem bestellten Aufseher (Fontaniere) sich ihre Gläser und Gläschen aus einer eisernen Kelle füllen zu lassen.»

Auch war es nicht gerade bequem, in die Nähe der Quelle zu gelangen. Der Inn trat ständig über seine Ufer, die Straße zum Dorf befand sich meist in einem miserablen Zustand.

Hotels, Hotels, Hotels

1831 wurde schließlich – von Johann von Flugi – eine Aktiengesellschaft gegründet, ein Kurhaus gebaut, das allerdings den Gästen keine Unterkunftsmöglichkeiten bot, aber immerhin einen geräumigen Trinksaal und überhaupt einen etwas «eleganteren» Badebetrieb ermöglichte.

Die Aktiengesellschaft wurde vergrößert, die Weltkarriere von St. Moritz hatte begonnen. Hotels schossen in für damalige Verhältnisse unwahrscheinlichem Tempo aus dem Boden, um den Zustrom der Gäste zu fördern, oder, was ebenso wichtig war, zu verhindern, dass sie mit vor Entsetzen gesträubten Haaren gleich wieder abfuhren.

1856 entstand das Kulm, 1863/65 wurde das alte Kurhaus umgebaut, 1866 das Beau-Rivage (das heutige Palace) und das Belvedère eröffnet, 1869 der Bären, das Steffani und das Bellevue, 1870 das Hotel Caspar Badrutt, 1875 das Victoria und das Du Lac, um nur die ersten zu nennen.

Es fehlte nicht an sogenannten Empfehlungen. Richard Wagner zum Beispiel war ganz besonders von der Engadiner Landschaft angetan. Dort, wo der Piz La Margna hinter den Vorbergen hervortritt, soll er gesagt haben: «Da, wo alles schweigt, denkt man sich die Wesen, die da walten, nicht mehr vom Wachsen und Werden berührt.»

Conrad Ferdinand Meyer: «Hier ist es so schön, so still und so kühl, dass man die Rätsel des Daseins vergisst und sich an die klare Offenbarung der Schönheit hält. Wenn ich die schöne Zeichnung der Berge mit dem Auge verfolge, oder die Farben der Seen oder der Luft bewundere, ja, nicht selten vor Bildern stehe, an denen kein Claude Lorrain etwas ändern dürfte, Bilder, die eigentliche Typen des landschaftlich Schönen sind, so sage ich mir, dass derselbe Meister, der dies geordnet hat, auf dem ganz anderen Gebiete der Geschichte gewiss auch seine, wenn auch für mich verborgenen Linien gezogen hat, die das Ganze leiten und zusammenhalten.»

Bekanntlich lebte auch Friedrich Nietzsche nicht weit entfernt von St. Moritz – in Sils.

Um auch ihn zu zitieren: «Das Engadin ist das Rechte für mich. Ich halte es hier besser aus als irgendwo. Mir ist, als hätte ich lange gesucht und endlich gefunden … Wälder, Seen. Die besten Spazierwege und die erquickliche Luft, die beste in Europa – das macht mir den Ort lieb. Täglich bin ich dieser Luft dankbar. Das Engadin ist der einzige Ort, der mir entschieden wohltut bei gutem und schlechtem Wetter.»

Was das St. Moritzer Wasser anging (es gab nun schon verschiedene Quellen, die teils entdeckt wurden, teils selbstständig den Weg ins Freie gefunden hatten), war es nun klar, dass es nicht das Schicksal so vieler Quellen erleiden, nämlich versiegen würde.

Neue Hotels entstanden, sie schossen gleichsam aus dem Boden: 1878 das Eden, 1880 das Privathotel Badrutt und das Waldhaus, 1885 der Schweizerhof, 1890 das National, 1893 bis 1896 das Palace – man erkennt schon an der Länge der Bauzeit, dass es sich da um etwas Besonderes handelte. Es gab auch schon eine Zeitung oder vielmehr Zeitungen, das «Allgemeine Fremdenblatt» und den «Engadiner Expreß & Alpine Post».

St. Moritz nannte sich nun Bad (1789 Meter über dem Meeresspiegel) und «hochalpiner Kurort». Der Gehalt des

Kurwassers wurde angepriesen; ebenfalls die Tatsache, dass das neue Stahlbad-Hotel in St. Moritz schon 1894 über einen Grillroom und eine American Bar verfügte. Es gab Kurlisten. Ihnen ist zu entnehmen, dass Gäste aus aller Welt herbeiströmten.

1894 konnte die «Engadin Post» mit einer besonderen Sensation aufwarten: «Da die Heuernte unter dem Dorf vollendet ist, werden die Spiele des Golfclubs sofort beginnen. Dieselben werden hier oben in einem Zentrum des Fremdenverkehrs mehr als anderswo lebhaften Aufschwung nehmen.»

Damals bereits war es charakteristisch für St. Moritz, dass die dort Bediensteten sehr lange bleiben. Eine Subskriptionsliste aus dem Jahre 1898 wies die verehrten Gäste darauf hin, dass mindestens zwei der im Bad beschäftigten Personen, Herr Jakob Durisch und Herr Christoffel Durisch, 40 Jahre, seit 1858, Dienst getan hatten. Es wurde gelegentlich wegen dieses Jubiläums zu Spenden für sie aufgefordert, und sie kamen auch ein. Unter den Spendern befanden sich die Herzogin Wera von Württemberg mit 50 Franken, während der Kurverein St. Moritz sich zu 100 Franken aufschwang und die Kurverwaltung sogar zu 400 Franken. Andere machten es billiger.

1892 gab es schon, was es heute nicht mehr in St. Moritz gibt, eine elektrische Straßenbahn, was den Heimatdichter Heer zu einem Begeisterungsausbruch veranlasste: «Warum sollte man St. Moritz nicht ein Städtchen nennen? Es hat zwar nur 700 ständige Einwohner, aber es besitzt ein Tramway, Trottoirs, einen Überfluss an elektrischen Bogenlampen, ein Kasino, ein Theater, schöne neue Kirchen für alle Bekenntnisse, Kaufläden und Bazars jeder Art, eine Menge Spielplätze für Jung und Alt und mehr herrschaftliche Kutschen als manch große Stadt. Alles ist städtisch, am meisten die Bodenpreise. Ein kleines Stück Abhang von St. Moritz Dorf ist ein kleines Vermögen wert, ein Quadratmeter von St. Moritz Bad ist gar nicht mehr zu kaufen; der meiste Grund und Boden ist unveräußerlich im Besitz der großen Hoteliers und Hotel-Aktiengesellschaften, die keine Konkurrenzunternehmen wünschen.»

Die Straßenbahn wurde übrigens nicht in der Schweiz hergestellt, sondern aus Stuttgart bezogen. Eine Fahrt vom Bad ins Dorf kostete 40 Rappen, Fahrtdauer zehn Minuten.

Als ein Passagier, der im Bad eingestiegen war, den Kondukteur fragte, ob er wohl bis zum Bahnhof fahren könne, antwortete der Befragte: «Natürlich können Sie bis zum Bahnhof fahren ...» Dann aber hielt die Bahn am Schweizerhof und fuhr nicht weiter. Der Fahrgast wollte wissen: «Wo muss ich denn umsteigen?» Und bekam die Antwort: «Ja, es tut mir leid, die Schienen sind mir ausgegangen ...»

Lange bevor es zu den auf den letzten Seiten geschilderten Ereignissen kam, war etwas geschehen, das viel entscheidender für die Zukunft von St. Moritz sein sollte als das Bad, als der Quell, der ursprünglich die Fremden hergelockt hatte.

St. Moritz hatte den Winter entdeckt. Genau genommen war es nicht St. Moritz, sondern Johann Heinrich Mayr aus Arbon im Thurgau. Er erschien im Winter 1834 auf 1835.

Von ihm muss nun erzählt werden, und auch von dem Mann, der begriff, was daraus zu machen war, dass es in St. Moritz einen Winter gab.

Dieser Mann hieß Johannes Badrutt.

Der entdeckte Winter

Den Namen Mayr wird man sich merken müssen.

Der Thurgauer Fabrikant kam – wie aus seinen Tagebüchern hervorgeht – häufig nach St. Moritz, das heißt, er kam fast jeden Sommer. Eines Tages erschien er auch im Winter. Aus seinen Aufzeichnungen:

«Samada, den 20. November 1834.

Mein Fuhrmann war ein guter Kerl, aber kein Säumer der Gegend und des Berges nicht kundig; die Schlittengeleise sind schmal, und nicht mehr als dreimal warf er mich heute um, das erste Mal in den Schnee, das zweite Mal auf'm Sand und das dritte Mal auf'n Felsen, über eine Woche schmerzte mich die Hüfte, ich war noch wohl zufrieden. Gott bewahre, etwas zu brechen in diesen Gegenden!

Ich wollte weiter und in Weißenstein übernachten: Durch tiefen Schnee ging's den gähen Berg hinan; mit Sonnenuntergang war ich im Quartier.

Ich hatte wenig Hoffnung auf ein Lager. Es war besser, als ich erwartete! Ein niederes hölzernes Zimmer mit zwei Betten, tüchtige Federdecken und ebensolche Unterbetten. Bald war ich erwarmet und schlief recht gut, bis gegen Morgen mich der Geruch der alten Federn des Bettes belästigte. Kaum dämmerte der Morgen, so stand ich auf, ich hatte den Pass über'm Albula vor mir; das Wetter war ruhig, es schneite zart.

Vor halb neun Uhr saß ich auf dem Schlitten, herrliche Windstille. «Welch herrliche Reise», sagte ich; «denn nur Wind ist gefährlich.» Ich ließ den Fuhrmann auf dem Schnee neben der Tiefe gehen, denn da umgeworfen zu werden und einige Kirchturmhöhen in die Tiefe zu rollen, stund mir nicht an, und dass der Bursche kein Hexenmeister seines Faches sei, erfuhr ich gestern genugsam, meine Hüfte schmerzte mich sehr.

Endlich war die Höhe erreicht, und sogleich ließ sich etwas Wind merken. Einhundert Schritte weiter ward er heftig und andere hundert Schritt, dass ich meinte, vom Schlitten geworfen zu werden! Der Schnee wirbelte empor, dass die Luft verdunkelt ward; man sah keinen Pfad mehr. Ich konnte das Pferd nicht mehr sehen. Das war in wenigen Minuten eine gewaltige Umänderung! Noch heftiger tobte der Wind. Das wäre g'spässig, dachte ich, wenn ich jetzt noch unweit von St. Moritz sollte unter die weiße Decke zu schlafen kommen.

Das eigentlich Missliche der Sache mochte etwa drei Viertelstunden gedauert haben; senkrechte Tiefe ward erreicht, und der Wind hatte weniger Gewalt mehr; noch eine Viertelstunde tiefer, und ich meinte das Überstandene unmöglich! Es kam mir beinah vor wie ein augenblicklicher Traum, denn auf einmal war Windstille, und fleckenweiß sah man hellen Himmel. Nichtsdestoweniger war ich froh, tief unten La Punt zu erblicken. Doch hatte ich Freude, auch diese Lage erfahren zu haben, ein in jeder Hinsicht schauderhaftes Seitenstück der Sandöde in Ägypten, wenn der Chramsi den unübersehbaren Flugsand brennend emporwirbelte, den Gesichtskreis verdunkelt, der Sonne ihre Helle nimmt und man, in Glut, Hitze und Staub erstickend, keine sechs Schritte vor sich sieht, hier im Gegensatz Kälte und Schneegestöber, das Gesicht mit Eiskruste überzieht. Es ist eine eigene Sache um diese beiden Gegenstücke, und der dies schreibt, kann auch von beiden erzählen.»

Trotzdem sollte es noch einige Zeit dauern, bis St. Moritz und das Engadin als Winteraufenthaltsort populär wurden. Bis dahin waren die Winter schwer – wirtschaftlich schwer für die Bevölkerung. Im Sommer gab es die Kurgäste, gab es waghalsige Fremde, die Berge besteigen wünschten, und infolgedessen verdingten sich viele Einheimische als Bergführer.

Im Winter war eigentlich nichts zu tun, als zu überwintern.

Dass es anders wurde, ganz anders, ist das Verdienst von Johannes Badrutt.

Nachricht aus der Säule

Natürlich weiß ganz St. Moritz, wer Johannes Badrutt war, was er vollbracht hat, was man ihm verdankt. Über ihn selbst, über seinen Alltag, über sein Familienleben, über das, was er von seinen fünf Söhnen und drei Töchtern hielt, über die Menüs, die er seinen Gästen vorsetzte, über die Preislisten, die Fremdenlisten wüsste man nichts, wenn nicht Ende 1955 in seinem ersten St. Moritzer Hotel, heute das «Kulm» – damals Pension Faller genannt –, Modernisierungen hätten vorgenommen werden müssen, denen auch eine alte Säule zum Opfer fiel. Und in diese Säule hatte Badrutt ein Päckchen gelegt, das alle möglichen Dokumente und Akten enthielt. Man studierte sie, fotografierte sie wohl auch, soweit sie noch leserlich waren, und packte alles wieder in wasserdichtes Papier, das in einer neuen Säule der neuen Halle des Kulm Platz fand.

Die Badrutts – früher Padrutts, hergeleitet aus Padruot = Peter – stammten nicht aus dem Engadin. Erst 1815 kam Hans Badrutt nach Samedan; arbeitete als Drechsler und Maler, wurde ein bekannter Baumeister und zeugte mit seiner Frau Maria neun Kinder. Johannes, der zweitälteste Sohn, geboren am 2. April 1819, interessierte sich nicht wie zwei seiner Brüder, die an der Ècole Polytechnique in Paris Architektur studierten, für den Beruf seines Vaters, sondern versuchte es im Eisenwarenhandel und wandte sich dann dem Gastgewerbe zu. Er war nur selten und unregelmäßig zur Schule gegangen; er lernte eigentlich alles, was es zu lernen gab, erst durch das Leben.

Er heiratete früh, schon 1843, und leitete zusammen mit seiner Frau Maria, Schwester des später in St. Moritz praktizierenden Dr. Peter Berry, der später eine Art Berühmtheit werden sollte, das von seinem Vater erbaute Hotel Bernina in Samedan. Die Aussicht war wundervoll, Küche und Keller vorzüglich. Aber Johannes schien das Hotel viel zu klein, er suchte nach größeren Aufgaben.

St. Moritz! Dorthin kamen damals prominente Gäste, ja, regierende Fürsten. Jedoch es waren kaum Hotels vorhanden, die ihnen Unterkunft bieten konnten. Viele mussten – wie bereits geschildert – in primitiven Bauernhäusern logieren.

Ein neues Hotel zu bauen, hätte zu viel Zeit, auch zu viel Geld verschlungen. Beides besaß der junge Johannes Badrutt nicht. Aber da gab es eine Pension Faller, deren Besitzer sie abgeben wollte. Allerdings verlangte er die Unsumme von 2000 Franken Pacht pro Jahr; dabei konnte das Haus jährlich höchstens während der zwei oder drei Sommermonate insgesamt zwölf Gäste beherbergen.

Aber Herr Faller ließ nicht mit sich handeln; das Geschäft schien geplatzt zu sein. Da rutschte Maria Badrutt, als sie das Haus verließ, auf den vereisten Stufen aus und setzte sich sehr unsanft auf einen gewissen Körperteil. Dies schien Johannes eine Art Zeichen des Himmels zu sein, nicht fortzugehen.

Faller war amüsiert, als er hörte, aus welchem Grunde sich der Sinn Badrutts gewandelt hatte, brachte aber nun seinerseits Bedenken vor. Es sei nicht gut, wenn die Öffentlichkeit – die paar Hundert Einwohner von St. Moritz – erfahren würde, dass einer, der nicht einheimisch sei – Johannes Badrutt stammte schließlich aus Samedan, einige Kilometer entfernt! –, sich in St. Moritz anzusiedeln gedenke. Ein Strohmann musste vorgeschoben werden.

Trotzdem gab es Schwierigkeiten genug mit den lieben St. Moritzern. Sie rochen sehr bald den Braten. Sie trauten

Badrutt nicht über den Weg und protestierten – freilich nur an ihren Stammtischen.

1855 hatte er die Leitung der Pension Faller übernommen. Anfang 1858 tat er den entscheidenden Schritt.

Aus seinem Geschäftsmemorial des Jahres 1869: «1858, den 20. Februar, habe ich bangen Herzens, und nachdem die wenigen meiner vernünftigen Freunde und Verwandten, die ich in dieser hochwichtigen Sache befragt hatte, abgeraten, dennoch die Pension Faller in St. Moritz um Franken 58.500 ersteigert, und von dem Tag an war mein Trachten und Sinnen in St. Moritz, und ich sammelte Material, Kräfte und gute Gedanken – und meine liebe Frau unterstützte mich –, und es ist gelungen, was wir uns erträumten, das Haus zu kaufen und sofort jährlich zu bauen.»

Wetten, dass ...!

Schon zwei Jahre vor Badrutts endgültiger Übersiedlung nach St. Moritz waren mitten im Winter Leute aufgetaucht, die von den St. Moritzern für verrückt gehalten wurden. Einmal waren sie Ausländer. Ferner führten sie seltsame Geräte mit sich, die sie Ski nannten und an die Füße schnallten. Und mit diesen Geräten wollten sie die verschneiten Berge hinunterrasen! Engländer offenbar – wer sonst konnte auf solche wahnwitzigen Ideen kommen! Dies jedenfalls war die Meinung der Stammtischler. Das Seltsame war, dass diese Männer – tatsächlich waren es Norweger – mit den merkwürdigen Geräten auch wirklich unten ankamen, und zwar durchwegs lebendig, wenn auch manchmal mit einem gebrochenen Bein.

Nicht alle schüttelten die Köpfe. Da war der Silser Hufschmied Pedrun, der sich schon in den nächsten Monaten eigene Ski anfertigte. Sie wurden allgemein Gianellas genannt, auch

Tchiertschels, sie waren eher Schneereifen denn Ski im heutigen Sinn, jedoch mit Blechspitzen versehen. Bauern benutzten sie, um vom Haus zu den Ställen zu gelangen, wenn Neuschnee gefallen war. Sport? Wer dachte damals an Wintersport?! Vermutlich dachte auch Johannes Badrutt nicht daran, aber doch an vieles andere. Zum Beispiel: War es nicht traurig, dass sein Hotel Kulm, mit allem Komfort der Neuzeit versehen, neun Monate im Jahr leer stehen musste? Gab es keine Möglichkeit, seine Gäste zu überreden, auch im Winter zu erscheinen?

Es war Ende September 1864, es ging auf neun Uhr, es regnete, auf dem Julier lag bereits Schnee, der Piz Rosatsch war in Nebel gehüllt, aber trotzdem gab es noch einige Gäste im Kulm, sechzehn an der Zahl, lauter Engländer, verrückte Engländer, spleenige Engländer, wie man im Dorf sagte.

Sie wollten den nächsten Tag abfahren. Sie saßen in der Engadiner Stube um den Kamin herum, sie wärmten sich äußerlich am Feuer, innerlich mit Veltliner Wein, den ihnen Badrutt großzügig spendierte, denn er hatte einen Plan, und wenn er ihn ausführen wollte, so war dies die letzte Gelegenheit.

Badrutt erzählte seinen Gästen, dass nicht nur der Sommer, sondern auch der Winter im Engadin besonders schön sei, die Sonne schiene so stark, dass man ohne Mantel, ja, ohne Kittel spazieren gehen könne.

Die anderen glaubten kein Wort. Im Winter in die Berge, wo es noch kälter sei als in London?

Jawohl, in die Berge, meinte Badrutt. Kälter sei es hier zwar, aber auch wärmer und auf jeden Fall gesünder.

Seine Gäste tranken den Veltliner und dachten sich ihr Teil. Erst als Badrutt sagte: «Ich schlage Ihnen eine Wette vor!», horchten sie auf. Engländer sind stets für Wetten zu haben.

Dies war die Wette, die Badrutt vorschlug: Die Engländer sollten gegen Weihnachten ins Engadin heraufkommen. Gefiele es ihnen, so könnten sie den ganzen Winter bleiben – als seine geladenen Gäste. Gefiel es ihnen nicht, so war er bereit, ihnen die Reisespesen London–St. Moritz und zurück zu vergüten.

Nun, alle kamen sie nicht, alle hatten wohl auch nicht so viel Zeit, aber vier unternahmen das Wagnis, darunter ein Arzt, ein Pfarrer und ein ziemlich kranker Mr Arthur E. W. Strettel. Ihre Bekannten und Verwandten hielten sie für übergeschnappt, und sie selbst wagten nicht zu entscheiden, ob sie es am Ende nicht wirklich waren.

Bis Chur zu gelangen, war nicht schwierig. Dann mieteten sie einen Schlitten, um über Lenzerheide und den Julierpass St. Moritz zu erreichen. Sie waren in Pelzmäntel gehüllt und hatten sich Schals um ihre Hälse gewickelt. Ihr Gepäck folgte in einem zweiten Schlitten.

Wie sie später feststellten, hatten sie an alles gedacht, nur nicht an – Sonnenbrillen, die es ja damals auch kaum gab. Es war ihnen fast unmöglich, sich die Landschaft anzusehen, so stark wurden sie von der Sonne geblendet. Als sie im Engadin ankamen, waren sie nicht, wie sie vermutet hatten, halb erfroren, sondern von Schweiß durchnässt und schneeblind. Und nun kam das Beste: Vor dem Hotel Kulm empfing sie Johannes Badrutt, übers ganze Gesicht strahlend – und in Hemdsärmeln.

Ich bin überzeugt, er wäre hemdärmelig aus seinem Hotel getreten, auch wenn es geregnet und geschneit hätte. Die Hemdärmeligkeit war das eigentlich Überzeugende der ganzen Geschichte.

Die Engländer, die sich um diese Zeit in London, Manchester, in Paris oder Berlin nicht vor die Türe gewagt hätten, ohne vorher einen pelzgefütterten Mantel anzuziehen, waren gewonnen. Badrutt hatte recht gehabt. Der Winter im Hochgebirge war nicht, wie sie vermuteten, ewige Nacht voller Stürme und Nebel. Es war das Paradies. Sie stiegen aus, sie zogen in das Hotel, sie blieben. Und, so geht die Sage, dass Badrutt, obwohl sie seine Gäste waren, auch nicht schlecht dabei wegkam. Sie tranken eine Menge Whiskey, der nicht in der Einladung inbegriffen war.

In das Tiefland zurückgekehrt, erzählten sie ihren Freunden und Bekannten, dass es nichts Schöneres gebe als den Winter im Hochgebirge – besonders in St. Moritz.

Frische Luft kann nicht schaden ...

Nun war kein Halten mehr.

St. Moritz zählte damals knapp 300 Einwohner. Die Zahl der Ausländer, die von St. Moritz wussten, war beschränkt. Es handelte sich vor allen Dingen um Kranke oder Kränkliche, die hofften, dass der Quell ihnen Gesundheit bringen würde. Jetzt kam die unverhältnismäßig größere Zahl derer hinzu, die den Winter in den großen Städten nicht gut vertrugen und die es sich leisten konnten, irgendwohin zu reisen, wo die Sonne schien. Sie hatten bis dahin im Wesentlichen die Riviera aufgesucht, auch Kairo. Nun kamen sie nach St. Moritz.

Es kamen aber vor allem auch Sportler und diejenigen, die es werden wollten.

In jener Zeit war Sport etwas ganz anderes als heute. So etwas wie Volkssport existierte überhaupt nicht. Der kleine Mann, der sich körperlich betätigen wollte, turnte. Übrigens wollte er sich körperlich meist gar nicht betätigen, denn seine Arbeit und der Weg von und zur Arbeitsstätte boten ihm schon genügend körperliche Betätigung.

Aber die Zeit war reif für einen Umschwung. Moderne und zum Teil verlachte Ärzte behaupteten, es sei gesund, bei offenem Fenster zu schlafen – frische Luft schade nicht, sondern nütze.

Noch glaubten die meisten, die es sich leisten konnten, einen Kurort aufzusuchen, sie müssten irgendwohin gehen, wo es eine Quelle gab oder Bäder, und noch hatte sich der Begriff «Luftkurort» nicht durchgesetzt. Aber genau wie der Sport war er im Kommen.

Erstaunlich, dass ein Mann wie Johannes Badrutt, der nie über das Engadin hinausgelangt war, der kaum über Schulbildung verfügte, die kommende Entwicklung vorausahnte. Sicher ist in diesem Zusammenhang die Tatsache nicht unwichtig, dass seine Wintergäste in den ersten Jahren vor allem aus England kamen, dem Heimatland des Sports. Jedenfalls tat er alles, um St. Moritz zu einem Wintersportplatz zu machen. Er legte künstliche Eisbahnen an, er ließ eine Schlittenbahn von Ruinatsch nach Cresta bauen, die später in den berühmten Cresta Run umgewandelt werden sollte. Er machte es seinen Gästen möglich, sich im Curlingspiel zu ergehen, er organisierte den Sport der Bergbesteigung, bis dahin das Vergnügen oder der Spleen einiger weniger.

Und er fuhr ins Ausland, denn ihm war klar, dass er die internationale Elite nur dann nach St. Moritz locken konnte, wenn er ihr allen Komfort bot, den sie anderswo erwarten durfte. Er besuchte – 1878 – die Weltausstellung in Paris, bestaunte mit Hunderttausenden anderen die elektrische Beleuchtung, kam nach St. Moritz zurück und erklärte den erstaunten St. Moritzern – denen er immer noch nicht ganz geheuer war –, er würde ein Elektrizitätswerk bauen, denn sein Kulm-Hotel müsse über die neumodische elektrische Beleuchtung verfügen.

In St. Moritz glaubte man erst gar nicht, dass es so etwas wie elektrische Beleuchtung gab. Umso erstaunter war man, als Badrutt am 18. Juli 1878 durch Druck auf einen Knopf den bis dahin dunklen Speisesaal in ein Lichtermeer verwandelte.

Er begriff auch, dass die oft recht faden Pariser Salonorchester ihre Zeit überlebt hatten, holte bessere Kapellen, holte sogar gelegentlich das Orchester der Scala aus Mailand, und es mag am Rand erwähnt werden, dass am ersten Cello-Pult im großen Ballsaal des Kulm-Hotels ein noch junger Musiker namens Arturo Toscanini saß, dessen Name bald um die Welt gehen sollte.

Als Badrutt 1889 70-jährig starb – zwei Jahre nach jenem Konzert –, hatte er St. Moritz gemacht, ließ er ein Hotel zurück, das auch in den großen Städten Europas seinesgleichen suchte, ließ er Söhne und Enkel zurück, die sein Werk fortführen würden.

Es gab nicht nur einen Badrutt. Es gab jetzt schon eine Dynastie Badrutt.

Sportgeschichte

Es würde Bücher füllen, wollte man berichten, was sich in den Jahren nach den ersten Winteraufenthalten der vier «verrückten Engländer» in St. Moritz an Sport ereignet hat. Einige wenige Daten mögen genügen.

1873 machte Dr. Spengler aus Davos Versuche mit ungleichmäßig langen Lattenskis. Bald gab es eine große Anzahl von verschiedenen Skisorten, die im Engadin populär wurden. Claudio Saratz unternahm 1881 in Pontresina seine ersten Skiversuche. Er genierte sich nicht, wie damals die meisten Skifahrer, wenn sich Publikum einfand, um ihn zu beobachten oder auch zu verlachen. Dasselbe gilt vom St. Moritzer Philipp Mark, einem der Ersten, die das Skigerät zum Tourensport benützten, also zur Erforschung weiterer Gelände.

Es kam die Zeit, in der es schon «garantiert» Davoser, St. Moritzer und Silser Skis gab, und die Herstellung respektive Käufer der jeweiligen Geräte waren leidenschaftlich davon überzeugt, dass nur die ihren die «richtigen» seien.

Es gab auch Wetten, zum Beispiel eine, ob man schneller mit zwei gebogenen Brettern, welche mit Schnüren an den Schuhen befestigt waren, einen Berg bewältigen könne oder mit den herkömmlichen Schneereifen. Der Wirt zum «Wilden Mann» in Silvaplana war für die altbewährten Reifen. Aber zu seinem Leidwesen siegten die «neumodischen» Skis.

1885 führten zwei Schüler aus dem Engadin, denen ihre Eltern norwegische Skis zu Weihnachten geschenkt hatten, ihre Kunststücke vor der Bevölkerung vor. 1885 – so sagen die Chroniken – erschienen auch die ersten Engländer auf Skis.

Es handelte sich um den Oberst Napier und seinen treuen Diener – und die Armen mussten viel Spott und Gelächter einstecken, weil sie mit erstaunlichem Stoizismus nach jedem Sturz wieder aufstanden und von Neuem begannen, und weil Napier des Abends in seinem Hotel – er wohnte natürlich im Kulm – all denen, die es hören, und auch denen, die es nicht hören wollten, erklärte, in einigen Jahren würde alle Welt Ski fahren – das war nun wohl doch etwas zu stark!

Im Winter 1888/89 wurden die ersten mehrsitzigen Schlitten konstruiert, man kann sagen, die Urform des Bobschlittens; es begann ganz einfach damit, dass ein Mr Wilson Smith aus Amerika zwei Schlitten zusammenband – und siehe da, es ging.

Ein Jahr später baute dann der St. Moritzer Hufschmied Christian Mathis den ersten richtigen Bobsleigh. Der St. Moritzer Tobogganing-Club nahm die Bobfahrer nach einigen Diskussionen, in denen gewisse Zweifel an ihrem Verstand geäußert wurden – einer behauptete sogar, es handle sich um bewusste Selbstmörder –, auf. Freilich nicht als vollberechtigte Mitglieder, sondern gewissermaßen als Mitglieder der Untersektion.

Die Bobfahrer machten sich dann 1896/97 selbstständig. Sie lösten sich übrigens aus dem Tobogganing-Club – vermutlich weil sie sonst hinausgeworfen wären. Es wurde bald ein Bobsleigh-Club gegründet, mit einem Vorstand, der sich lediglich aus Engländern zusammensetzte, und erstaunlicherweise waren von den fünf Mitgliedern zwei weiblichen Geschlechts.

Bobfahrer trugen damals schon Helme, auch wurden bereits die ersten Bremsvorrichtungen in die Bobs eingebaut. Interessant, dass nach den Statuten in einem Fünferbob mindestens zwei Damen, in einem Dreierbob eine Dame Platz nehmen musste.

Schon einige Zeit vorher war Curling ein beliebter Sport geworden. In Kanada und Schottland war dieser Sport längst Tradition, aber auf dem europäischen Kontinent unbekannt. 1880 wurde in St. Moritz der erste Curling-Match ausgetragen und gleich darauf der St. Moritzer Curling-Club gegründet.

1890 wurde ein Spiel namens Bandy eingeführt, das man als Vorgänger des Eishockeys betrachten darf. Es war nicht ganz so wild und verwegen wie Eishockey, aber für jene Zeit ungemein gewagt. Es muss immer wieder darauf hingewiesen werden, dass damals vieles als unschicklich galt, was später selbstverständlich erschien – besonders beim Sport: etwa das Hinfallen. Herren und Damen hatten ganz einfach nicht hinzufallen, sei es im Schnee, sei es auf dem Eis – es gehörte sich nicht.

Good enough!

Das Gastwirtsgewerbe – nein, schon diese Bezeichnung ist falsch. Vorbei waren die Zeiten, da die Gäste sich bei einem Bauern einlogieren mussten oder in einem Wirtshaus Unterkunft fanden, unter Umständen unter recht problematischen Bedingungen.

Nun gab es schon zahlreiche Hotels. Die Preise waren, zumindest die St. Moritzer Stammtischler fanden es, gesalzen. Man bedenke, dass 1880 Johannes Badrutt in seinem Kulm-Hotel Zimmer für 1 bis 5 Franken anbot und volle Pension zu 7 Franken. Das war viel, viel Geld, wenn man bedachte, dass die Gäste damals mindestens einige Wochen, manchmal Monate blieben.

1883 kaufte Caspar Badrutt, ein Sohn von Johannes, das Hotel Beau Rivage.

Am 29. Juli 1896 wurde nach vierjähriger Bauzeit von dem gleichen Casper Badrutt das Palace-Hotel eröffnet. Die Architekten Chiodera und Tschudi waren aus Zürich geholt worden, also fast aus dem Ausland, und das passte den St. Moritzern gar nicht. Aber sie mussten zugeben, was da entstand, war bemerkenswert, war geradezu sensationell.

Da stand es nun, ein wahrhaft «kolossales» Gebäude – wenn auch nicht annähernd so groß wie heute –, ein Bau im Geschmack der Zeit, also mit vielen Türmchen, Erkern, Balkonen versehen, ein etwas problematisches Stilgemisch, wie man es damals schätzte. Aber es gab auch schon einige recht revolutionäre Neuerungen, zum Beispiel die riesigen Glasfenster in den Gesellschaftsräumen, die den Blick auf die Landschaft freigaben.

Die Architekten und auch Caspar Badrutt taten sich viel zugute auf das, was hier entstanden war – moderner ging es nicht mehr. Freilich, nicht ein einziges Zimmer hatte fließend Wasser.

Das Hotel war vom ersten Tag an ein enormer Erfolg. Es erschienen nun nicht nur sportbegeisterte Personen, es erschienen nicht nur solche, sie sich von der Quelle Heilung erhofften, es kamen reiche und sehr reiche Familien, weil man ganz einfach in St. Moritz gewesen sein musste. Familien: Das war der Mann und die Frau, die Kinder mit Gouvernante, die

Zofe der Frau, der Kammerdiener des Herrn. Während dieser ersten Zeit des Palace waren die ausländischen Gäste in der Überzahl. Eine Familie traf durchschnittlich mit 20 bis 40 Stück Gepäck ein – es dauerte mindestens einen Tag, gewöhnlich mehrere, bis alles ausgepackt und verstaut war. Das mitgebrachte Personal lebte natürlich auch im Hotel und aß dort, meist im Kurierzimmer, einem recht geräumigen Saal. Man aß an gemeinsamer Tafel, der sogenannten table d'hôte – Einzeltische gab es zwar schon, aber nur wenige, und die Direktion sah es nicht gern, wenn man nicht an der langen table d'hôte speiste.

Ein table d'hôte bestand aus einer Reihe von unendlich langen Tischen, wo man nebeneinander- respektive einander gegenüber saß, Konversation machte und speiste. Die Mahlzeit dauerte ein bis zwei Stunden.

Die Neuankömmlinge wurden an das untere Ende der Tafel gesetzt und rückten im Verlauf ihrer Anwesenheit, je nach Abreise der vor ihnen Eingetroffenen, immer weiter nach oben. Schließlich erreichten sie die Spitze. Böswillige behaupteten, dass denjenigen, die an der Spitze saßen, als Ersten serviert würde, sodass sie die besten Stücke bekamen, respektive sich nehmen konnten, während die am unteren Ende sich mit dem Übriggebliebenen zufriedengeben mussten.

Ein durchschnittliches Mittagessen im Palace bestand damals aus sechs Gängen. Hors d'oeuvres, Fisch, Fleisch, Geflügel, Nachspeise, Käse. Und das galt als eine relativ leichte Mahlzeit. Abends gab es acht bis neun Gänge – bei besonderen Gelegenheiten einen oder zwei Gänge mehr. Es ist bis heute noch nicht geklärt, wie die Gäste das alles in sich aufnehmen und nachher noch einen Berg besteigen konnten oder es auch nur schafften, in ihre Zimmer zu gelangen.

Welch langer Weg seit dem Beginn des alten Johannes Badrutt im Kulm, als einmal ein Engländer sich über das Essen beschwerte, das doch allzu einfach sei. Badrutts Antwort war gewesen: «If good enough for me, good enough for you, good-bye!»

Im Palace war nichts zu gut für die Gäste.

Nach der Eröffnung rief Caspar Badrutt seinen Sohn Hans aus dem Ausland zurück. Er konnte es allein nicht mehr schaffen. Die Zeiten waren endgültig vorbei, in denen ein Einzelner einer Hotelunternehmung vorstehen konnte.

1905 wurde das Grand-Hotel eröffnet. Man schätzte die Kosten des Baus auf rund anderthalb Millionen, eine beträchtliche Summe für jene Zeit.

Dabei war das Leben nicht eigentlich teuer. Man konnte in einem ersten Hotel oder guten Restaurant einen Café complet für 90 Rappen, ein Mittagessen für Fr. 1,50 oder Fr. 2,– bekommen, eine Portion Fleisch mit Gemüse, Kartoffeln, Sauce und Salat für Fr. 1,60 bis Fr. 2,–.

Luxusdiners im Palace kosteten um die Jahrhundertwende und auch noch einige Jahre später selten mehr als 17 bis 20 Franken. Und was gab es dafür nicht alles. Einen Cocktail, Hors d'oeuvres, auch Kaviar, eine Oxtailsuppe, Rheinsalm, Filet, Huhn mit Trüffeln, Gänseleber, Fasan, Spargeln, mehrere Süßspeisen, Bonbons, Früchte, einen Mokka und die verschiedensten Weine. Wer könnte das heute noch essen? Wer bezahlen?

Prominente Gäste

1904 war Caspar Badrutt, der Chef des Palace-Hotels, gestorben, auch er viel zu jung, wohl wie sein Vater ein Opfer der ungeheuren Anstrengung, sein Hotel groß zu machen. Das Palace, nun unter der Leitung von Hans Badrutt, durfte in jedem Sinne groß genannt werden. Und es musste ständig vergrößert werden. 1907, zum Beispiel, erhöhte der Besitzer das Hotel um zwei Stockwerke.

Im gleichen Jahr geschah es allerdings, dass ein so prominenter Gast wie der deutsche Kronprinz im Kulm abstieg. Die «Engadiner Post» nach seiner Abreise im Februar 1907:

«Der Kronprinz und seine Gemahlin sind heute mit ihrem Gefolge von St. Moritz abgereist. Der Aufenthalt in St. Moritz hat die Herrschaften sehr angesprochen. Sie konnten sich hier in voller Ungezwungenheit bewegen und ihrer Erholung nachgehen. Das Kronprinzenpaar schenkte dem Sport große Aufmerksamkeit. Es machte selbst öfter Bobsleighfahrten, und noch gestern war der Kronprinz Steuermann eines Bobs und erzielte auf einer Tour das drittbeste Resultat. Das Winterleben hat den Herrschaften imponiert und nicht weniger ihre hiesige ‹Hofburg›, das Hotel Engadiner Kulm.»

Es kamen Maharadschas, Fürsten aller Nationalitäten, es kamen russische Großfürsten, die unendlich viel Geld hatten, und in ihrer Begleitung befanden sich oft «junge Künstlerinnen»; worin ihre Kunst bestand, war freilich nicht immer herauszufinden. Es kam der italienische Tenor Enrico Caruso, der immer nur Nudeln mit Huhn essen wollte, es erschien ein irischer Schriftsteller mit rotem Backenbart, der sich als George Bernard Shaw in das Fremdenbuch eintrug und keinerlei Fisch oder Fleisch zu sich zu nehmen gewillt war.

Es kam fast regelmäßig ein Mann, von dem jeder wusste, wer er war, den aber – wie auf allgemeine stillschweigende Verabredung – niemand erkannte, ein sehr langer, dünner Herr mit weißen Haaren, Mr G. genannt: König Gustav von Schweden. Er erschien meist während des Sommers – denn seine große Leidenschaft war das Tennisspiel.

Es gibt da eine hübsche Geschichte, die freilich etwas später spielt, aber schon hier erzählt werden soll. Eines Sommers kam der König ganz unangemeldet, und Badrutt hatte kein

Appartement frei, das er ihm hätte anbieten können. Kurz entschlossen überließ er ihm seine eigene Wohnung. Sie lag direkt unter der Bar, und da gab es nachts ziemlich viel Lärm. Badrutt ließ drei Teppiche übereinanderlegen und verbot Tanz, insbesondere die damals aufkommende Jazzmusik.

Der König erfuhr davon. Er ließ Badrutt kommen und erklärte, er werde sofort – und damit meinte er wirklich sofort – ausziehen, falls seinetwegen die geringsten Umstände gemacht würden. Badrutt hatte keine Wahl. Es wurde wieder Jazz gespielt, es wurde wieder getanzt. Und der König schlief gut. Er schien immer gut zu schlafen, wenn man vergaß, dass er König war, und ihn als Mr G. behandelte.

Die meisten Prominenten waren im Palace zu finden. Nicht wenige von ihnen erschienen in Extrazügen, etwa der sagenhaft reiche Graf Tassilo Festetics, dem so viel Land in Ungarn gehörte, dass die ganze Schweiz darin Platz gehabt hätte. Das behauptete er jedenfalls nach jeder dritten Flasche Champagner, also mindestens jeden Abend zweimal.

Zwei Meter über dem See

Eines Tages, spät im Jahr 1908, setzte sich ein gewisser Herr, Monsieur, Mister oder Baron mit dem seltsamen Namen Auffm'Ort (oder auch Ardt) mit Hans Badrutt in Verbindung. Die Korrespondenz wurde auf Französisch geführt, in der Presse der damaligen Zeit der Fremde einmal als Baron, einmal als Franzose, einmal als Deutscher, meist aber als Herr Auffm'Ort aus Amerika bezeichnet. Jedenfalls erklärte er seine Absicht, nach St. Moritz zu kommen, und zwar mit seinem Flugzeug, um vom See aus Flugversuche zu unternehmen. Er hatte die etwas vage Idee, dass vom «Dach der Welt» – so wurde in den nun folgenden Berichten der St. Moritzersee immer wieder genannt – ein Start besonders leicht sein müsste.

Das erste Flugzeug in St. Moritz! Welche Sensation!

Hans Badrutt jedenfalls begriff sofort, dass Flüge vom St. Moritzersee aus für ihn und sein Palace-Hotel eine besonders gute Reklame darstellen würden – und darüber hinaus wohl auch für St. Moritz überhaupt. Er bot Auffm'Ort an, bei ihm umsonst zu logieren. Dies wollte der Flugzeugbesitzer nicht, hingegen war er bereit, die Offerte Badrutts, ihm einen Schuppen – einen Hangar – auf dem See zu bauen, mit Dank anzunehmen.

Der Hangar war schnell gebaut, kostete aber immerhin die Kleinigkeit von 2750 Franken. Das Flugzeug war weniger schnell zur Stelle. Es gab unzählige Komplikationen, Brief- und Depeschenwechsel mit verschiedenen amtlichen Stellen der Schweiz. Da war vor allen Dingen die Frage, die die Zollbehörden beschäftigte: Wie sollte die Maschine, wie sollten die Maschinenteile – denn die Maschine wurde natürlich in Teilen transportiert – verzollt werden, oder sollte sie überhaupt verzollt werden? Schließlich erhielt Auffm'Ort einen sogenannten Freipass, um sein Flugzeug in die Schweiz einzuführen, was bedeutete, dass er es auch wieder ausführen musste, bei welcher Gelegenheit man ihm mitteilte, dies habe auch zu geschehen, falls der Apparat in Stücke gehe. Man nahm wohl amtlicherseits an, dass die Wahrscheinlichkeit dieses Falls nicht gering sei.

Zuerst erschien Auffm'Ort, dann erschienen die Teile, dann wurden sie in dem Hangar, den Hans Badrutt auf eigene Kosten errichtet hatte, zusammengesetzt. Dies alles benötigte eine Menge Zeit. Die Mechaniker von Auffm'Ort, im Grand-Hotel untergebracht und dort zu Extrapreisen verpflegt, verbrauchten in einer Woche immerhin 516 Franken. Badrutt zahlte, ohne mit der Wimper zu zucken. Er hatte auch durchaus recht darin, dass er sich von dem Unternehmen – oder vielleicht war es eher ein Abenteuer – etwas versprach. Die großen Zeitungen der Welt schickten Reporter, und selbstverständlich wurde in allen ihren Berichten das Palace-Hotel ausführlich erwähnt.

Die St. Moritzer Polizei wurde nervös. Wenn dieser seltsame Auffm'Ort sich selbst und seinen Apparat in den Tod flog – dann war das seine Sache. Aber er konnte ja auch andere Menschen gefährden. Es wurde beschlossen, dass – eine halbe Stunde, bevor Auffm'Ort startete – eine Fahne auf dem Hangar gehisst werden sollte. Von dem Augenblick an war jedermann das Betreten der Eisfläche verboten, bis das Flugzeug wieder zurückkehrte.

Die Fahne wurde unzählige Male gehisst, Gäste strömten aus dem Hotel herbei; wer der glückliche Besitzer eines Zimmers im Palace-Hotel war, öffnete seine Fenster und starrte auf die Eisfläche hinaus. Aber das Flugzeug kam und kam nicht. Tage vergingen, Wochen vergingen. Allmählich nahm das Interesse der Weltöffentlichkeit ab. Selbst in St. Moritz glaubte niemand mehr so recht, dass eine so schwere Maschine – sie sollte laut Zeitungsberichten 300 Kilo wiegen! – sich überhaupt in die Luft erheben könne, obwohl man wusste, dass den Brüdern Wright in Amerika das Experiment gelungen war.

Und dann, als niemand es mehr erwartete, wurde das Ungetüm von Flugzeug wirklich aus dem Hangar herausgezogen, und unter mächtigem Gedröhn seines Motors erhob es sich in die Lüfte. Jawohl, es erhob sich, aber nicht sehr hoch. Später stritten sich die Fachleute, ob es zwei Meter waren oder drei. Jedenfalls waren es nicht mehr als drei Meter, und das wiederum war, wenn man die Unkosten bedachte und die viele Arbeit und die vielen Zeitungsartikel und das lange Warten, doch etwas zu wenig. Nach einer Flugdauer, über deren Länge nichts veröffentlicht wurde, die allerdings nur einige

Minuten betragen haben konnte, landete das Flugzeug wieder und verschwand im Schuppen.

Auch Auffm'Ort verschwand. Was aus ihm geworden ist, kann daher nicht berichtet werden. Nach St. Moritz kam er nicht wieder.

Ein gewisses Wagnis

Bereits ein Jahr vorher, im Jahre 1906, war ein Mann in St. Moritz erschienen, der später aus der Geschichte des Dorfes nicht mehr wegzudenken gewesen wäre: Anton Bon. Er war damals 51 Jahre alt, ein mittelgroßer Mann, korpulent, mit grauen Haaren und einem mächtigen, damals modischen Schnurrbart. Aus Ragaz stammend, leitete der ungeheuer lebendige Mann das Hotel Rigi-First und das Hotel Vitznauer Hof am Vierwaldstättersee und seit 1903 das Parkhotel Vitznau. Damals setzte sich das Ritz Development Syndicate aus London mit ihm in Verbindung, ob er keine Lust habe, ein Wintersporthotel in der Umgebung von St. Moritz zu bauen und zu leiten. Bon zögerte. Es sprach mit, dass seine Söhne, von denen einer ihm nachfolgen musste, wenn die Sache überhaupt einen Sinn haben sollte, noch zu jung und im Hotelgeschäft zu unerfahren waren.

Ein paar Jahre später, 1910, wandte sich der noch junge Anton Badrutt, Toni genannt, erst 23 Jahre alt, der im Parkhotel Vitznau arbeitete, an Anton Bon, ob er bereit sei, mit seiner Mutter, Viktoria Badrutt, zusammenzukommen. Sie wollte die Aktienmehrheit des Hotels Engadiner Kulm verkaufen, da die Erben sich nicht einig werden konnten.

Bon erklärte sich interessiert. Er studierte die Bilanzen, gewann Einblicke, war bereit, sich von Vitznau zu lösen und nach St. Moritz überzusiedeln.

Was nun geschah, ist nicht genau festzustellen. Es gibt zwei Versionen. Die eine lautet, dass die Familie Badrutt bereit war, die Aktienmajorität zu verkaufen und Anton Bon das Kulmhotel zu übergeben. Da war nur eine Bedingung. Es sollte Badrutts Kulmhotel heißen. Und Bon soll erklärt haben: «Nein, das kommt gar nicht infrage! Ich bin Bon, und wenn ich das Hotel übernehme, dann heißt es Bons Kulmhotel und nicht Badrutts Kulmhotel.» Und darauf hätten sich die Badrutts zurückgezogen.

Aber Bon wollte sich auf jeden Fall vergrößern. Seine Idee: ein Hotel in Rom zu bauen. Der Staat Italien war auch bereit, ihm das Terrain zu schenken. Aber die Steuern waren so hoch, dass er erklärte: «Wenn ich so viel Geld ausgebe, will ich es in der Schweiz ausgeben und nicht in Italien.»

In der Schweiz. Warum nicht in St. Moritz? Offenbar hatte er während seines Aufenthalts dort Blut geleckt. Jedenfalls war es jetzt er, der sich an das Ritz Development Syndicate wandte, oder um ganz genau zu sein, an Mr Charles Spencer Goldmann, der in Südafrika mit Brillantenminen ein Vermögen verdient hatte und der, sowohl privat als auch als Teilhaber des Syndicates, Boden in der Umgebung von St. Moritz besaß.

Die Verhandlungen mit Goldmann gingen schnell und reibungslos vonstatten. Eine Gesellschaft kam zustande, die den Zweck hatte, das Suvretta-House zu bauen. Es sollte ein großes Hotel werden, ein ganz großes – das größte. Dies war ein gewisses Wagnis, denn das Terrain lag sehr weit vom Dorf entfernt.

Dafür war der Boden – jedenfalls für damalige Verhältnisse – relativ billig, nicht einmal drei Franken pro Quadratmeter.

Es entstand wirklich ein großes und in jeder Beziehung großzügiges Hotel mit weiten Räumen, mit 325 Betten – aber es war schon bei der Eröffnung klar, dass man 450 Personen würde unterbringen können. Mit einem Personal von rund 200 Personen – die Nebenbetriebe eingerechnet, Nebenbetriebe wie die Eisbahn, wie die Musik, kurz, man musste pro Gast fast einen Angestellten rechnen. Bis dahin war es üblich gewesen, Hotels eher bescheiden aufzubauen und später zu vergrößern. Bon war der Ansicht, das Hotel sollte gleich so gebaut werden, dass es später nicht umgebaut, dass nichts dazu gebaut, nichts angestückelt werden müsse.

Am 21. Dezember 1912 wurde das Suvretta-House eröffnet.

Segantini

Kurz vor der Jahrhundertwende, am 28. September 1899 um 11 Uhr nachts, war der Maler Giovanni Segantini, nur von seiner Familie und einigen intimen Freunden betrauert, an einer Bauchfellentzündung gestorben, erst 41 Jahre alt. Die St. Moritzer Öffentlichkeit nahm damals und noch lange danach kaum Notiz von ihm – und doch war er der einzige Maler der Engadiner Landschaft.

Eigentlich hieß er Segatini, aber der Vater fand, dass der Name mit einem «n» besser klinge, und nannte sich Segantini. Seine Mutter, die dritte Frau des Vaters, starb fünf Jahre nach der Geburt. Der Vater ging mit ihm aus dem heimatlichen Arco nach Mailand, wo er bei seiner Stiefschwester blieb, während der Vater auswanderte.

Die Jugend Giovannis war schwer. Er wurde verprügelt, die Schwester, die nicht recht wusste, wie sie ihn gefügig machen sollte, sperrte ihn im Zimmer der Dachwohnung ein. Nach verschiedenen Ausbruchsversuchen: Verbringung in eine Anstalt für verwahrloste Kinder. Dort wurde er in die Schuhflickerei gesteckt. Aber schon zeichnete er. Mit 15 wurde er Lehrling bei einem Fotografen und Maler von Transparenten und Wirtshausschildern in Mailand. Abendkurse in der Akademie Brera für Ornamentzeichnen. Manchmal durfte er auch Landschaften zeichnen, oder wenn er es nicht durfte, tat er es trotzdem. Er gab seinen Mitschülern Unterricht, die ihm, der meist nahe am Verhungern war, Lebensmittel zusteckten. Ausstellung seiner ersten Arbeit in der Akademie Brera. Giovanni fand seine Arbeiten so schlecht platziert, dass er sie zerriss und aus der Akademie austrat.

1879 sein erstes Ölgemälde: «Chor der St. Antoniuskirche.» Er konnte es für 300 Lire verkaufen und mietete sich mit dem Geld ein Atelier in Mailand hinter der Brera. Sein Modell war die Schwester seines Freundes Carlo Bugatti, Bice, auch Bicetta genannt, ein schönes blondes Mädchen, in das er sich verliebte und das er bald darauf auch heiratete. Er siedelte nach Pusiano in der Provinz Brianza über. Von nun an musste ihm die Frau immer vorlesen, während er arbeitete. Er war überzeugt, nicht malen zu können, wenn er ihre Stimme nicht hörte. Aber er konnte nur wenige seiner Werke verkaufen, er zog wieder nach Mailand, wo er schließlich die Brüder Vittorio und Alberto Grubicy kennenlernte, Söhne eines jüdischen Ungarn, Alberto war von Beruf Kunsthändler. Vor allem er interessierte sich für Segantini, und es gelang ihm, einige der Werke Segantinis nach Holland und Belgien zu verkaufen.

Schließlich, an einem Sommertag des Jahres 1886, entschloss sich Segantini, hoch in die Berge hinauf, nach Savognin zu fahren. Seine Frau, deren Mutter und die drei Söhne, die ihm Bice geboren hatte, waren mit dabei. Er zählte erst 28 Jahre, war hager, schwarzhaarig, mit langem Bart. So trostlos lagen seine finanziellen Verhältnisse, dass er nicht einmal den Wagen zahlen konnte, der ihn zum Hotel Pianta nach Savognin brachte. Der Wirt musste die 80 Franken für ihn vorstrecken. Er bekam sie übrigens bald wieder, denn nun begann es Segantini etwas besser zu gehen, vor allem, weil die Brüder Grubicy sich verpflichteten, seine sämtlichen Bilder zu kaufen. Es war ein überaus günstiger Vertrag, den er mit ihnen abschloss. Er konnte selbst die Preise für seine Bilder bestimmen.

Nachdem er ein paar Monate im Gasthof Pinata gelebt hatte, siedelte er zuerst in ein geräumigeres Haus in Savognin über, weil es, 1213 Meter hoch, einen unendlichen Ausblick auf die Berge des Engadins gewährte. Die Berge zogen ihn immer stärker an. Im Sommer 1893 mietete er eine Alphütte auf Tusagn und malte dort das Bild «Alpheide» und zog schließlich im August 1894 nach Maloja in ein Haus oberhalb des Silsersees. In den nächsten Jahren malte er sein Triptychon «Werden, Sein, Vergehen», das ursprünglich im Auftrag eines Hoteliers an der Pariser Weltausstellung 1900 der Fremdenwerbung dienen sollte. Dieser Plan scheiterte jedoch. Als Ersatz bekam Segantini den Auftrag, ein monumentales Bild zu malen zur Verherrlichung des Engadins. Immer wieder zog es ihn hinauf auf die Berge, vor allem auf den 2700 Meter hohen Schafberg, um dort zu malen. Dies sollte sein Verhängnis werden. Er erkältete sich. Aber gegen den Rat seines Sohnes Mario ließ er keinen Arzt kommen. Er fürchtete, er würde sich dadurch nur lächerlich machen. Erst am nächsten Tag erlaubte er, Dr. Bernhard zu holen, der damals noch in Samedan wohnte und sein guter Freund – und natürlich auch Arzt – war.

Dr. Bernhard erkannte sogleich, dass Segantini ernstlich erkrankt war, rief zwei deutsche Ärzte hinzu, die gerade im Engadin weilten. Aber es war schon zu spät. Der Maler starb. Einige wenige Zeitungen brachten zwei oder drei Zeilen.

Viele Jahre später begann man in St. Moritz zu begreifen, wer Segantini war. Auf Initiative seines Freundes Dr. Bernhard, mithilfe von Hans Badrutt vom Palace, Dr. med. P. R.

Berry und einigen anderen wurde ein Museum gegründet. Allerdings: Bilder von Segantini besaß man nicht. Alberto Grubicy aus Mailand erklärte sich bereit, einige Bilder und Zeichnungen Segantinis dem Museum auf drei Jahre zu leihen, und dafür erhielt er 300.000 Franken von der St. Moritzer Bank. Entweder sollte das Comitato innerhalb von drei Jahren die 300.000 Franken zahlen, oder der Kunsthändler hatte das Recht, die Werke anderweitig zu verkaufen. Der Gesamtwert der Werke von Segantini wurde damals auf 750.000 Franken veranschlagt. Es sah so aus, als würde es dahin kommen, dass das Museum wieder geschlossen werden müsste. Erst in letzter Minute und erst nachdem sich das Comitato an den Bund und die Gottfried-Keller-Stiftung gewandt hatte, war es möglich, die Gelder aufzubringen, um die Bilder der Schweiz zu erhalten.

Bei dieser Gelegenheit sollte vielleicht kurz von Dr. Oskar Bernhard gesprochen werden, dem es vor allem zu verdanken ist, dass das Segantini-Museum entstand, der aber zumindest eine so große Attraktion für St. Moritz war wie das Museum. Man nennt ihn den Entdecker der Helio-Therapie. Er kam ganz zufällig – so erzählte er jedenfalls – auf diese Art der Heilung . Er kam an einem Bauerngut vorbei und sah eine Kuh, die eine große Wunde hatte. Sie lag in der Sonne. Für die Wunde geschah nichts.

Obwohl er kein Tierarzt war, sondern Arzt, ging er in den Hof hinein und sagte dem Knecht, man müsse die Wunde wohl verbinden, sonst würde es eine Entzündung geben. Der Knecht schüttelte den Kopf: «Die Sonne heilt das viel besser!»

Bernhard war beeindruckt. Mehrere Male besuchte er die Kuh, und siehe da – die Sonne hatte sie schnell geheilt.

Warum nicht auf den Menschen übertragen, was bei der Kuh so gut angeschlagen hatte? So entstand die berühmte Helio-Therapie, die bald große Mode wurde.

KRIEGSZEIT – KRISENZEIT

Seit 1910 war St. Moritz ein Weltkurort geworden. Es gab dort Deutsche (nach den Statistiken waren sie dort in der Majorität), Engländer, Franzosen, Holländer, Belgier, Russen, Österreicher, Portugiesen, Griechen, Italiener, Amerikaner, sogar Schweizer. Vom 1. November 1912 zum 1. April 1913 war für 224 358 Logiernächte bezahlt worden, unter der Rubrik Dienerschaft allein fungierten 832.

Am 28. Juli 1913 etwa, hatte das «Stahlbad» eine Tageseinnahme im Werte von 71.000 Franken geführt, ein Jahr später waren es 82.000 Franken. Im Jahre 1913 wurde für 2800 Franken telegrafiert, ein Jahr später für 3100.

In St. Moritz war man im Winter 1913 zu 1914 und auch in den Sommermonaten 1914 ausgesprochen optimistisch – und hatte wohl auch allen Grund dazu. Und dann brach der Krieg aus, später der Erste Weltkrieg genannt. Und es schien, als sollte er das Ende von St. Moritz bedeuten.

Panik.

Von zehn Menschen, die in St. Moritz weilten, gehörten neun irgendwo anders hin. Und alle wollten nach Hause. Vor allem die Kurgäste. Manche von ihnen dürften es später bereut haben, dass sie es so eilig hatten. Aber damals hatte wohl jeder das Gefühl, dass er dorthin gehörte, wo er eine Wohnung, ein Haus, ein Geschäft, Verwandte, Bekannte, Angestellte besaß.

In größter Hast wurde gepackt. Ein Chronist schrieb – man spürt noch heute sein Entsetzen: «Man sah vornehme Damen schweres Gepäck zum Bahnhof hinunterschleppen, nur fort, nur fort, das war die Losung. Auf dem Bahnhof entstand ein furchtbares Durcheinander.»

Natürlich waren alle Züge im Nu überfüllt, und die Verzweifelten, die unter allen Umständen abreisen wollten, mussten sich auf ihre Koffer setzen und auf den nächsten Zug warten, wobei sie nicht einmal mit Sicherheit wussten, ob es einen nächsten Zug geben würde.

Aber nicht nur die Gäste wollten fort, auch die Hotelangestellten. Soweit es sich um Männer handelte, mussten sie damit rechnen, eingezogen zu werden, oder hatten ihre Einberufungsbefehle bereits erhalten. Soweit es sich um junge Mädchen oder Frauen handelte, wollten sie zurück zu ihren Familien.

Die Hotels leerten sich mit unvorstellbarer Schnelligkeit. Natürlich blieben einige zurück, alte Männer, ältere Frauen, die keinen Grund hatten, irgendwohin zu fahren. Aber nun fragte es sich, was man mit ihnen tun sollte oder konnte. Sie stellten ja eine finanzielle Belastung dar, sie mussten immerhin verpflegt, unter Umständen bezahlt werden.

Hotels in Schwierigkeiten

Schon im November des ersten Kriegswinters zeigte es sich, dass die Besitzer vieler schweizerischer Hotels nicht genügend Rücklagen gemacht hatten, um längere Zeit mit wenigen oder gar ohne Kurgäste durchhalten zu können. Dies galt vor allen Dingen für St. Moritz, das ja noch ein verhältnismäßig junger Kurort war. Eine staatliche Hilfsaktion für Graubünden wurde erwogen und beschlossen – im Gegensatz etwa zum Kanton Bern, der kurz und bündig die Bitte der dortigen Hoteliers, ihrer schweren Lage Rechnung zu tragen, ablehnte. In Graubünden wurde also die Bildung einer Kreditgenossenschaft unter Mitwirkung der Kantonalbank in Angriff genommen. Kaum war dies geschehen, da stellte sich heraus, dass keine Minute zu verlieren war, wenn gewisse Hotels gerettet werden sollten. Denn schon waren Bankzinsen zu zahlen, die nicht gezahlt werden konnten, schon waren bedeutende Rechnungen überfällig – für Anschaffungen, die man im Hinblick auf die nächste Saison und deren Gelingen gemacht hatte.

Bern, das heißt der Bundesrat, war gezwungen, einzugreifen. Notverordnungen wurden ausgearbeitet und verkündet, die hauptsächlich auf Stundungen und Nachlassverträge hinausliefen.

Um es gleich vorwegzunehmen: Im Verlaufe des Krieges wurde die Situation nicht besser, sondern schlimmer. Es stellte sich bald heraus, dass die meisten Hotels nicht nur die Bankzinsen für die ihnen gewährten Kredite nicht zahlen konnten, ganz zu schweigen von der Rückzahlung der Kredite selbst, sondern dass viele zu den Saisons – die bald nur mehr auf dem Papier standen – nicht hätten eröffnen können, wäre ihnen kein Betriebskapital vorgestreckt worden. Denn schließlich konnte man mit einer Großbank reden, aber die Lebensmittellieferanten, die Kohlenhändler mussten prompt bezahlt werden, oder sie waren selbst am Ende.

Geld, das eben noch in Strömen geflossen war, wurde in St. Moritz zur Mangelware.

Selbst Betriebe, von denen man angenommen hatte, dass sie über alle Zweifel erhaben seien, machten schwere und schwerste Zeiten durch oder gingen zugrunde. Nicht immer war das nach außen hin sofort sichtbar. Der typischste Fall für den Verfall eines angesehenen Hotels, der sich gewissermaßen hinter den Kulissen abspielte, war der Fall Kulm. Vor dem Krieg ein riesiges Geschäft, konnte der Betrieb während des Krieges zwar aufrechterhalten werden, aber es war nicht mehr möglich, Rücklagen für die natürlich dauernd notwendigen Renovationen zu machen, geschweige denn diese durchzuführen. Um Anton Badrutt, den Enkel des Gründers, zu zitieren: «Als man das Hotel am Ende des Krieges wieder in normalen Betrieb nehmen wollte, zeigte es sich, dass unzählige Reparaturen und Renovationen nötig waren ... Die Familien-AG, die ebenfalls durch den Krieg gelitten hatte, sah sich außerstande, diese Renovationen mit eigenen Mitteln durchzuführen. Die Banken mussten in immer stärkerem Maße herangezogen werden, bis diese schließlich die Hauptbesitzer des einst so stolzen Familienkonzerns waren.»

Anfang des Jahres 1915 starb Anton Bon. Er war nicht einmal 60 geworden. Gewiss, es darf von ihm gesagt werden, wie von so vielen anderen Hoteliers, dass er sich im Dienst am Kunden aufrieb, aber es ist vielleicht nicht übertrieben zu sagen, dass er vor allem an gebrochenem Herzen starb.

Er hatte alles einkalkuliert, und seine Kalkulationen hatten immer gestimmt. Nur mit dem Krieg hatte er nicht gerechnet und damit auch nicht rechnen können. Nun stand das Suvretta-House, das von Anfang an vor allem englische Gäste beherbergte, leer. Bon war zu klug und zu vorausblickend, um nicht zu begreifen, dass es noch viele Jahre so weitergehen würde. Nach außen hin ließ er sich nichts anmerken. Aber diejenigen, die ihn kannten, wussten, dass er verzweifelt war. Er sah sein Lebenswerk scheitern – er konnte ja nicht ahnen, dass gerade dieses Hotel, das er für die Zukunft gebaut hatte, in der Zukunft eine Wiederauferstehung erleben würde wie kaum ein anderes in der Welt.

Wer kam?

Es war immer schwieriger für Fremde, die Grenze nach der Schweiz zu überschreiten, geschweige denn, nach St. Moritz zu gelangen. Es sollte schließlich dahin kommen – allerdings erst im dritten Kriegsjahr, 1917 –, dass man nur ein Visum in der Schweiz bekam, wenn man dem Schweizer Konsul ein ärztliches Attest vorwies, und der Konsul musste sich mit der Fremdenpolizei in Bern in Verbindung setzen. Da es relativ wenig Ausländer gab, die solche Zeugnisse vorweisen konnten, begann hinter den Kulissen bald um sie ein Kampf.

Es kamen Gäste nach St. Moritz, die man früher nie gesehen hatte: sogenannte Austauschgefangene, Soldaten, meist Offiziere der verschiedenen feindlichen Armeen, denen es infolge von Beziehungen und vielleicht auch von Krankheiten und Leiden vergönnt war, aus den Gefangenenlagern in die Schweiz ausgeliefert zu werden, mit der Maßgabe, unter keinen Umständen mehr am Krieg teilzunehmen. Unter ihnen befand sich unter anderen auch der berühmte Schauspieler Alexander Moissi, der allerdings den größten Teil seines Schweizer Aufenthalts in Davos verbrachte, bis es schließlich der Direktion des Stadttheaters gelang, ihn für Zürich freizubekommen.

Alle diese Männer hatten genug vom Krieg. Sie, die vielleicht noch vor einigen Wochen einander in den Schützengräben gegenüberlagen und beschossen, fühlten sich hier in St. Moritz nicht mehr als Feinde. Viel eher empfanden sie diejenigen als Feinde, von denen sie mit Recht oder Unrecht glaubten, dass sie den Krieg inszeniert hatten: die führenden Männer in Wien, in Berlin, in Paris, in London.

Es erschien König Konstantin von Griechenland mit einem Gefolge von nicht weniger als 50 Personen und stieg im Hotel Carlton ab. Im Palace weilte Prinz Karageorgewitsch, der Bruder des Königs von Serbien. Das Palace wurde überhaupt zu einer Art Asyl für die Mächtigen der Welt. Die zunächst abwarten wollten, wie der Krieg ausging, und keine Lust hatten, zu hungern und zu frieren oder gar sich den Gefahren des Krieges auszusetzen. Unter ihnen befanden sich einige russische Großfürsten, im Augenblick stellungslose Diplomaten, da ihre Länder mit den Ländern, bei denen sie akkreditiert gewesen waren, im Krieg lagen, etwa der bulgarische Botschafter in Paris, Azuroff, und der türkische Botschafter in London.

Katzenjammer

Im letzten Jahr des Krieges, in den Wintermonaten 1917/1918, verwandelte sich das Bild von St. Moritz noch einmal. Bis dahin waren nur die einen oder anderen prominenten reichen Herrschaften dorthin gekommen. Nun kamen sie alle, alle, die es sich leisten konnten, die genügend Beziehungen hatten, um Pässe und Visa zu erhalten. Monarchen, die bereits abgesetzt waren, Monarchen, die mit ihrer Absetzung täglich und stündlich rechnen mussten, Diplomaten, aber auch Schieber und Hochstapler. Es wurden im Palace und im Carlton Maskenbälle veranstaltet. Die hohen und höchsten Herrschaften unternahmen Schlittenpartien, meist wurde ein oder mehrere Schlitten mit Kellnern und dem nötigen Proviant, Wein, Champagner, Kaviar, vorausgeschickt. Aus Paris erschienen Mannequins und führten – man bedenke, noch Anfang 1918! – die neusten Moden vor. Plötzlich hatten alle diese Leute Geld, vermutlich weil sie daran zweifelten, dass sie nach Kriegsschluss überhaupt noch etwas besitzen würden. Geld … Manche steckten sich an großen Banknoten ihre Zigarren oder Zigaretten an. Verzweiflung? Übermut?

Es war alles ein wenig unwirklich geworden. Als die Wintersaison ihrem Ende entgegenging, stellte sich heraus, dass manche, die unendlich viel ausgegeben hatten, ihre Hotelrechnungen nicht zahlen konnten.

Die erwarteten Geldsendungen aus den verschiedenen Ländern – hatte man sie wirklich erwartet? – waren ausgeblieben. Es durfte auch kaum noch angenommen werden, dass sie eintreffen würden. Dafür aber stellte sich heraus, dass die feinen Herrschaften nicht nur in ihren Hotels Schulden gemacht hatten, sondern auch anderswo, bei Schneidern, bei den Schlittenbesitzern, in Confiserien, überall, überall ...

Katzenjammer in St. Moritz.

Der Krieg ging seinem Ende entgegen.

Noch in allerletzter Minute geschah etwas seltsam Gespenstisches in St. Moritz. Es traf ein hoher Herr mit Familie und Gefolge ein, der niemals zuvor in St. Moritz gewesen war. Für die Ehre, ihn zu beherbergen und zu bewirten, hätten die St. Moritzer Hoteliers in früheren Jahren alles gegeben. Jetzt handelte es sich um einen sehr peinlichen Besuch, von dem man hoffte, dass er nur kurz sein würde. Und der «Gast» hatte wohl auch keine andere Wahl, als nach einer Nacht weiterzufahren.

Es handelte sich um Kaiser Karl – oder jetzt schon den ehemaligen Kaiser Karl – von Österreich. Er befand sich auf der Flucht. Er hatte abdanken müssen. Aber wie er immer wieder versicherte und bis zu seinem Lebensende versichern sollte: Als Kaiser von Österreich hatte er abgedankt, aber nicht als König von Ungarn.

Er hatte lange gezögert, wohl zu lange, es ging nun schon, zumindest solange er auf dem Boden des Landes weilte, das das seine gewesen war, um das nackte Leben und vermutlich auch um das seiner Familie. Er musste das Schloss Schönbrunn durch eine Hintertür verlassen, in einem altmodischen Taxi, in dem ihn die Revolutionäre nie vermutet hätten. Er hielt sich ein paar Monate in einem Jagdschloss auf – nur wenigen Getreuen war sein Versteck bekannt. Er hoffte wohl immer noch, dass man es sich in Wien anders überlegen würde.

Aber die Sache der Habsburger war verspielt, und es nutzte seinen Anhängern wenig, zu versichern, dass schließlich nicht er den Krieg heraufbeschworen hatte und dass zumindest seine Gattin, die Kaiserin Zita, und ihr Anhang nichts unversucht gelassen hatten, um einen baldigen Frieden herbeizuführen.

Sie mussten also fliehen. Die Schweiz war das einzige ihnen leicht erreichbare Land, in dem sie verhältnismäßig sicher waren. Er erschien also im Palace. Berichte sagten später, er habe einige Zeit auf einem der Familie Bourbon-Parma – also der seiner Frau – gehörenden Besitz verbracht. Aber die Schweizer Behörden, die Unannehmlichkeiten mit den Nachbarn fürchteten – und nicht zu Unrecht –, forderten seine Weiterreise.

Er fuhr also, auf Weisung der Behörden, in Richtung Genfersee weiter, wo ihm dann doch Asyl gewährt wurde. In der Folgezeit sollte er noch zweimal versuchen, sein Land zurückzuerobern: Einmal, indem er den Pass des portugiesischen Gärtners benutzte, das zweite Mal – was wahrhaft erstaunlich für jene Zeit war und großen Mut von ihm und seiner Gattin erheischte – mit einem Flugzeug, das in Ungarn landete.

Die Versuche scheiterten, Kaiser Karl und seine Gemahlin mussten nun auch die Schweiz verlassen und in die Verbannung nach Madeira gehen.

Doch im Palace sollte der kurze Besuch noch lange unvergessen bleiben. Dabei hatten nur wenige den bleichen, erschöpften Monarchen mit eigenen Augen gesehen, aber diese wenigen Zeugen sprachen oft darüber. Es sei ihnen kalt den Rücken hinuntergelaufen, als sie seiner ansichtig wurden. Sie begriffen wohl mit einem Schlag, wie gründlich sich die Welt verändert hatte, dass es nie wieder so sein würde, wie es einmal gewesen und dass mit dem Jahre 1914 eine Ära zu Ende gegangen war.

Die anderen sollten es bald begreifen.

Es fehlte nicht an Anzeichen dafür. Der Krieg endete keineswegs so, wie sich viele dieses Ende vorgestellt hatten: Zwar umarmten die Menschen einander auf den Straßen – und das in den besiegten wie in den siegreichen Ländern –, wer war nicht glücklich, dass das sinnlose Morden zu Ende gegangen war!

Aber die Krieg führenden Nationen, vielleicht mit Ausnahme der Vereinigten Staaten, waren zu ausgeblutet, um das Glück des Friedens zu empfinden. Ausgeblutet – das ist wörtlich zu verstehen. Die Menschen hatten einfach keine Kraft mehr. Eine Grippewelle, die sich über ganz Europa ausbreitete, erwies sich als viel gefährlicher, als solche Epidemien früher waren. Sie forderte unzählige Todesopfer. Sie verschonte auch die Schweiz nicht.

Eine der ersten Maßnahmen, die in St. Moritz – und auch in andern Kurorten – getroffen wurden, war, die eintreffenden Gäste aufmerksam zu machen, dass sie sich einer Quarantäne von drei Tagen unterziehen müssten.

Vergeblich versuchten die St. Moritzer, in Optimismus zu machen. Unter dem Titel «Im Scheine der Friedensmorgenröte» veröffentlichte der «Engadin Expreß & Alpin Post»:

«Das Engadin steht und fällt mit seiner Hotelindustrie; der Weltkrieg hatte aber Minen darunter gelegt, und die Ausdauer auch der solidesten Unternehmen musste sich naturgemäß erschöpfen. Die schöne Talschaft am Silberbande des Inn ward aus einem Stelldichein der oberen Hunderttausend aus aller Herren Gauen ein vaterländisch Heerlager, und statt der süßen Melodien tonvirtuoser Scalaorchester erdröhnten die Kanonen von der nahen Grenze herüber. Da musste eben das Friedenswerk unter Waffen verstummen und verkümmern, und alle freundeidgenössische Bruderhilfe von Staat und Volk hätte das Unheil nicht mehr lange aufhalten können. Die Engadiner Hotellerie war tapfer, entschlossen, opferbereit, aber die Verhältnisse waren größer als sie.

Und nun darf sie wieder emporschauen zum Lichte, es dämmert hell und leuchtend am Horizont, es ist kein Blutlicht mehr, sondern der weise, milde Strahl des Friedens. Sei gegrüßt darum, du junger Winter ...»

Viele der alten Gäste, die gern hätten kommen wollen, konnten gar nicht kommen. Da waren die bisher fabulös reichen Russen. Sie hatten nach der Revolution von 1917 ihr Land verlassen müssen – was sagte ich: verlassen? –, sie hatten um ihr Leben fliehen müssen. Sie saßen in Berlin oder in Paris, sie verkauften ihre letzten Schmucksachen. In den nächsten Jahren sollte man viele von ihnen als Chauffeure, als Portiers, als Kellner, als Zimmermädchen an der Arbeit sehen. Die russischen Großfürsten waren zum Teil gefangen, zum Teil bereits hingerichtet – man konnte auch sagen: ermordet.

Den zahlreichen deutschen Fürsten geschah zwar nichts, das heißt, niemand wollte sie einsprerren oder umbringen, aber sie hielten es für gesünder – und das mit Recht –, sich vorläufig still zu verhalten. Die reichen Industriellen Frankreichs und Deutschlands waren nicht abkömmlich, sie mussten befürchten, dass ihre Werke von Soldaten- und Arbeiterräten übernommen, ihre Häuser von revolutionierenden Elementen okkupiert werden würden. Kurz, die besitzende Klasse, auf die St. Moritz in den letzten Jahren vor dem Krieg hatte rechnen können, hatte gute Gründe, zu Hause zu bleiben, soweit sie nicht zu Hause bleiben musste.

Und die Amerikaner? Es war nicht genug Schiffsraum vorhanden, um sie nach Europa zu befördern. Die Schiffe wurden für Truppentransporte benötigt.

Indessen kamen doch Gäste – und zwar ganz andere, als man sie bisher in St. Moritz gesehen hatte: die sogenannten Kriegsgewinnler. Das waren vor allem Leute, die klug genug gewesen waren, sich vor Kriegsbeginn oder jedenfalls vor Ausweitung des Krieges in die Schweiz zu begeben; übrigens waren auch Schweizer darunter.

Diese Leute saßen nun am Ende des Krieges mit sehr viel Geld da oder auch mit Waren, seien es Perserteppiche, seien es Flügel, seien es Schmuckstücke, die sehr schnell zu Geld gemacht werden konnten. Und wollten sich nun etwas leisten. Etwas? Das Beste vom Besten, das Feinste vom Feinen. Es war nur selbstverständlich, dass ihr Blick auf St. Moritz fiel.

Und da reisten sie an, die Damen mit Schmuck behangen, mit Pelzen ausstaffiert, die Herren, die nie auf einem Ski gestanden, nie auf einem Schlitten gesessen hatten, in sogenannter Sportaufmachung – oder in dem, was sie sich darunter vorstellten. Ach, diese Leute, die gar nicht so böse waren, wie sie nachher die «nationale» Presse in den verschiedenen Ländern darstellte, sondern allenfalls skrupellos, wollten sich eigentlich nur amüsieren.

Aber auch das Sich-amüsieren-Können muss gelernt werden. Wussten sie, dass man zum Fisch keinen Rotwein trinkt? Oder wussten sie, dass man Fisch nicht mit dem Messer isst? Wer hatte ihnen gesagt, dass man nicht schon zum Mittag einen Smoking trägt? Was wussten sie von Whist, von Bridge? Wer hatte sie die modernen Tänze gelehrt, wer, überhaupt zu tanzen?

Die ungemein distinguierten Kellner der großen St. Moritzer Hotels rissen vor Entsetzen die Augen auf. Gewöhnt daran, Fürstlichkeiten oder doch zumindest Persönlichkeiten von Rang und Namen zu bedienen, sahen sie sich jetzt gezwungen, ihren Gästen zu erklären, dass man aus den Fingerbowls nicht trinkt, mussten den Herren helfen, die Fettflecken, die sie sich unweigerlich bei jedem Diner auf den Smokingrevers praktizierten, wenigstens notdürftig zu entfernen. Die Blicke, die die Kellner des Palace, des Kulm, des Carlton, des Suvretta-House einander zuwarfen, waren die Blicke von Märtyrern.

In England gibt es für einen guten Diener den Ausdruck «a gentleman's gentleman». Auch Bedienstete von St. Moritz waren herangewachsen als Bedienstete von wirklichen Herren und wirklichen Damen.

Und nun dies …

Übrigens sollte die Herrlichkeit der Kriegsgewinnler nicht allzu lange dauern. Nur einige wenige verstanden es, ihren Reichtum rechtzeitig in Dollars oder Schweizer Franken oder, damals noch eine solide Währung, in englische Pfund umzusetzen.

Was niemand hatte vorhersehen können, geschah. Selbst die Pessimisten hatten noch damit gerechnet, dass die in Not geratenen Hotels, wenn erst der Krieg zu Ende sei, genügend Geld verdienen würden, um wieder flott zu werden. Und das war nicht nur das Anliegen einiger weniger Hoteliers. Die Schweiz lebte damals schon rund ein Dreivierteljahrhundert zum großen Teil von der Fremdenindustrie. Wenn die Hotels zusammenbrachen, dann würde auch die Fremdenindustrie zusammenbrechen.

Also musste etwas geschehen.

Und es geschah auch etwas.

Und fiel und fiel und fiel …

Es wurde – 1921 – die Schweizerische Hotel-Treuhand-Gesellschaft mit Mitteln des Bundes gegründet. Ihre Aufgabe: die Hotels zu sanieren. Das war übrigens schon während des Krieges bis zu einem gewissen Grade geschehen, aber damals handelte es sich darum, gewissen Hotels, die nicht mehr weiterkonnten, über den Berg zu helfen, um Unternehmungen einzelner Banken, die viel Geld verloren hätten, wenn das Hotel, das von ihnen mitfinanziert worden war, in Konkurs geraten wäre.

Jetzt war das Dilemma fast allgemein.

Es bestand eine Diskrepanz zwischen Einnahmen und hypothekarischer Belastung. Dieses Missverhältnis musste korrigiert werden. Die Schwierigkeit lag darin, dass nach dem Gesetz Hypotheken nicht angerührt, das heißt nicht abgewertet werden durften. Also musste man sich mit den Banken verständigen und den Lieferanten, musste sie dazu bringen, sich zu gewissen Abschreibungen zu verstehen, auf Zinsen, die schon jahrelang aufgelaufen waren, wenigstens teilweise zu verzichten. Dafür übernahm die Treuhand-Gesellschaft die Garantie, dass der Rest bezahlt würde, und dafür wiederum erhielt sie das Recht auf den ersten Zugriff, wenn wieder genügend Geld vorhanden sein würde.

Natürlich verloren viele Menschen viel Geld dabei. Aber letzten Endes war es einem Metzger oder einem Bäcker oder einem Kohlenlieferanten wichtiger, dass ihm ein Kunde, ein zahlungsfähiger Kunde, erhalten blieb, als dass er in Konkurs ging.

Übrigens: Es mussten nicht alle Hotels saniert werden. Einige wenige benötigten überhaupt keine Hilfe. Andere, die den bereits erwähnten Hoteldynastien gehörten, brauchten lediglich eine Übergangshilfe und standen bald wieder auf eigenen Beinen.

Wieder andere waren so verschuldet, dass es sich gar nicht mehr lohnte, sie zu sanieren. Sie gingen in die Hände jener Bank oder jener Banken über, die ihre Hauptgläubiger und Besitzer der ersten Hypotheken waren. Die Banken wurden und blieben bis etwa 1960 – contre cœur – Hoteliers.

Es ist ein altes kaufmännisches Wort, dass es nichts Dümmeres gibt, als gutes Geld schlechtem nachzuwerfen. Bei Licht besehen, waren die Hotelsanierungen das und gerade das. Und es gehörte schon ein überaus starker Optimismus dazu, dieses Manöver zu unternehmen. Optimismus und Mut. Was sich buchmäßig – von heute aus gesehen – als reine Transaktion darstellt, war damals ein geradezu tollkühnes Wagnis. Dass es gelang, hat ohne Zweifel damit zu tun, dass die Konjunktur wieder anzog und die Verhältnisse – zumindest einige Jahre lang – wieder normal wurden. Das konnten freilich die Männer, die damals die Hemdsärmel hochkrempelten und versuchten, zu retten, was zu retten war, nicht wissen. Was sie taten, kann ihnen nicht hoch genug angerechnet werden.

Die Zeitungsberichte aus jenen Tagen lesen sich recht düster. Der «Engadin Expreß & Alpine Post» vom Januar 1922 etwa:

«Langsam nur vermag sich die Frequenz zu heben. Sie zählt zu den bescheidensten des Kurortes.»

«610 Personen am 15./16. Januar.» Ende der Saison. St. Moritz hatte nur 800 gegen 4000 Gäste letztes Jahr.

Kein Wunder. Die Inflation in Deutschland nahm fantastische Formen an. Und das hatte natürlich seine Auswirkungen auf die Nachbarländer, nicht zuletzt auf die Schweiz. Da niemand wusste, ob er morgen noch genügend besitzen würde, um sich auch nur ein Stück Brot zu kaufen, kam es dazu, dass alle alles, was sie besaßen – und darüber hinaus – ausgaben, um wenigstens heute zu leben. Leben bedeutete essen, tanzen, leben bedeutete aber auch, dubiose Lokale zu besuchen, sich mit dubiosen Frauen einzulassen, Rauschgiften zu verfallen.

Dies alles hatte mit St. Moritz nur indirekt zu tun, nur insofern, als es der Untergang einer Welt war, außerhalb derer das St. Moritz, wie man es bis dahin kannte, nicht lebensfähig sein konnte.

Zwei Musiker

Natürlich wurden nicht alle Opfer der Inflation, auch nicht alle Deutschen. Die Besitzer der großen Werke standen nach der Inflation besser da als zuvor. Ihre Angestellten und Arbeiter hatten das Ersparte verloren – sie selbst aber waren ihre Bankschulden los. Auch international anerkannte – und besoldete – Persönlichkeiten hatten selbst in der schlimmsten Zeit genug Geld. Franz Lehár etwa wurde ja nicht nur in Deutschland und Österreich, sondern auf der ganzen Welt gespielt – und die Tantiemen kamen aus der ganzen Welt. Und das machte es ihm möglich, in St. Moritz zu leben.

Oder, um einen damals noch nicht allzu bekannten Musiker zu nennen: Der relativ junge Dirigent Wilhelm Furtwängler hob seinen Taktstock eben auch in der Schweiz und in England und in Italien – und seine Berufung in die Vereinigten Staaten stand vor der Tür. Damals, auf dem Höhepunkt der Inflation – 1923 –, kaufte er sich ein Haus in St. Moritz. Furtwängler hatte gerade eine schöne Skandinavierin geheiratet und verbrachte mit ihr viel Zeit in St. Moritz, weil er die Berge liebte, weil er sie nicht nur von unten besehen, sondern auch besteigen wollte, vor allen Dingen aber, weil er sich dem hektischen Betrieb, der in den meisten deutschen Großstädten herrschte, zu entziehen wünschte.

Das Haus hat übrigens eine Geschichte. Ein tschechischer Bildhauer hatte es von seiner Geliebten kaufen lassen. Als es ans Zahlen ging, gab es gewisse Schwierigkeiten. Furtwängler griff zu.

Man sah ihn nur selten im Dorf, nie in den großen Hotels. St. Moritz bedeutete für ihn das genaue Gegenteil von dem, was es für die meisten bedeutete: nämlich Ruhe, Frieden, Abgeschiedenheit.

Auch das konnte St. Moritz sein.

Ja, das konnte es sogar für Menschen sein, die sich in den großen Hotels einlogierten. Das galt etwa für einen anderen großen Musiker, der gerade hatte miterleben müssen, dass sein Lebenswerk zerstört wurde. Es war der damals schon schneeweiße Ignace Jan Paderewski, der weltberühmte polnische Klaviervirtuose und Komponist. Jahrelang hatte er auf Reisen gelebt, in einem geradezu märchenhaften Stil, drei Steinway-Flügel begleiteten ihn, wo immer er erschien, desgleichen ein Tross von Dienern, von Zofen für seine Frau, die unbeschreiblich schöne Helenka, von Managern und Agenten gar nicht zu reden.

Seit Kriegsbeginn hatte er in Amerika für ein freies Polen agitiert, hatte dem Präsidenten Wilson die Idee eingegeben, als dreizehnten seiner berühmten vierzehn Punkte für einen gerechten Frieden den Satz vom «freien Polen» zu formulieren. Er war auch der erste Präsident des alten, wieder neu entstandenen Landes. Aber er war den Politikern und Intriganten nicht gewachsen, er wurde auf ein Nebengleis rangiert, er wurde schließlich ausrangiert.

Und nun begannen wieder die Reisen. Zuerst zu den berühmten Freunden, zu Papst Pius XI., zu Camille Saint-Saëns, zu Aristide Briand, zu Herbert Hoover, zu Maréchal Foch.

Und dann, als es ruhiger um ihn wurde – niemand wird so schnell vergessen wie einer, der gestern Erfolg gehabt hat –, kam er ins Palace. Auch dorthin brachte er einen Flügel mit, und die Gäste, die davon hörten, hofften auf ein Konzert, hofften jedenfalls, dass er sich öfter an diesen Flügel setzen würde, der in einer Nische der großen Halle stand.

Meist warteten sie vergeblich. Nur selten setzte er sich hin und spielte Nocturne von Chopin. Manchmal erschien auch eine unnatürlich dicke Frau in seiner Begleitung. Sie war so schwer, dass sie kaum ein paar Schritte zu gehen vermochte. Man fragte sich allgemein, wer sie sei. Niemand kam auf die

Idee, es handele sich um die einstmals berühmte Schönheit Helenka.

Nur der junge Hans Badrutt wusste Bescheid. Und er schwieg.

Als Paderewski zum ersten Mal kam, war das Hotel noch fast leer. Als er das nächste Mal erschien, waren schon mehr Gäste da, was Badrutt natürlich mit Freude erfüllte, Paderewski indessen weniger. Seinen dritten Besuch brach er schon nach zwei oder drei Tagen ab – die Menschen vertrieben ihn.

Denn das Palace war wieder überfüllt. Über Nacht war St. Moritz wieder St. Moritz geworden, nein, nicht das alte St. Moritz, ein neues St. Moritz, aber ein St. Moritz, in dem es hoch herging.

DIE «GOLDENEN» ZWANZIGERJAHRE

St. Moritz war der Platz, wohin man gehen musste, wo man gesehen werden musste, von dem man erzählen musste – «man», das bedeutete die mondäne Welt, das bedeutete die Leute, die jetzt den Ton angaben.

Es waren nicht mehr die Gleichen, die vor 1914 gekommen waren, jedenfalls gab es nur verhältnismäßig wenige der alten Garde, die noch am Leben waren oder noch genug Geld für einen St.-Moritz-Aufenthalt oder noch Lust dazu hatten. So erschien der König von Griechenland, der König von Jugoslawien, der Prince of Wales, der Fürst und die Fürstin von Liechtenstein, der eine oder andere der vielen Prinzen Metternich, der Fürst und die Fürstin Bismarck, der Grand Duc de Louxembourg, der Sultan von Johore, der Maharadscha von Kapurthala.

Es erschien auch eine Gattung Mensch, die, es ist schwer, das heute noch zu begreifen, damals noch kaum gesellschaftsfähig waren: Schauspieler und Filmschauspieler; einer, der sehr früh und sehr oft kam, quasi als Flüchtling, war Charles Spencer Chaplin. Er hatte sich auf einer Europatournee befunden, Paris, London, Berlin besucht und war überall mit knapper Not und mithilfe der Polizei denen entkommen, die ihn vor Begeisterung am liebsten erdrückt hätten. Im Palace erkannte niemand den kleinen eleganten Herrn mit den ergrauten Schläfen, der sich übrigens unter dem nichtssagenden Namen Spencer Willer ins Register eintrug.

Es kamen Emil Jannings, der sich soeben mit Filmruhm bedeckt hatte, und Erich von Strohheim, jener sagenhafte Mann aus Hollywood, der eigentlich aus Wien stammte oder vielleicht noch etwas weiter östlich beheimatet war, dessen «von» vielleicht problematisch war, der aber fürstlicher auftrat als die meisten geborenen Fürsten. Es kamen ein paar Modeschöpfer, allen voran die aparte Elsa Schiaparelli in ihren höchst aparten Kleidern. Ein anderer Gast, in jeder Beziehung ganz anders, war Alexander, Großfürst von Russland.

Ein gut aussehender, gebildeter, kultivierter und immens reicher Mann, war er in den Jahren vor dem Kriege auch nach St. Moritz gekommen, war überall, wo «man» war – und ungemein beliebt, weil er trotz seiner hohen Stellung als naher Verwandter des Zaren alle Menschen behandelte, als ob sie wirklich Menschen wären – sogar in Russland, wo man vor gar nicht allzu langer Zeit die Leibeigenschaft abgeschafft hatte. Nach der Revolution war es ihm gelungen – dank einer Anhäufung glücklicher Zufälle –, aus Russland zu entkommen.

Er landete in Paris und glaubte, nun sei das Schlimmste überstanden. Waren nicht die gekrönten Häupter Europas seine nahen Verwandten? Hatte er nicht intime Freunde unter den Diplomaten, den Botschaftern, den Gesandten, den Ministerpräsidenten?

Aber er besaß nichts mehr als eine allerdings sehr wertvolle Münzensammlung, die unter normalen Umständen sicher eine Million Franken wert gewesen wäre, möglicherweise auch zwei oder drei.

Aber die Umstände waren eben alles andere als normal.

Außerdem hatte er, ohne dass er es ahnte, eine Menge Schulden. Zumindest behauptete der Besitzer des Pariser Hauses, in dem er vor vielen Jahren eine Wohnung gemietet hatte, ihn hätte niemals der Brief seines Sekretärs erreicht, dass der Großfürst die Wohnung aufzugeben wünschte. Der Schneider behauptete, er habe noch zahlreiche Anzüge bei ihm in Auftrag gegeben. Ähnliche Ansprüche wurden von

Hemdenmachern, von Handschuhmachern und von Schuhmachern gestellt.

Großfürst Alexander musste im Ritz leben – um wenigstens die Fassade aufrechtzuerhalten –, obwohl und weil das Ritz zu den teuersten Hotels Europas gehörte. Er wollte Clémenceau sprechen, Wilson, Poincaré – niemand hatte Zeit für ihn. Er wollte nach England fahren, dessen König immerhin ein naher Verwandter war.

Die Reise nach England wäre so wichtig gewesen, weil er dort seine Münzensammlung am vorteilhaftesten verkauft hätte. Schließlich hörte er, dass sich ein Genfer Haus bereit erklärte, die Sammlung zu versteigern. Als er in Genf eintraf, teilte man ihm mit, dass der betreffende Herr nach St. Moritz abgereist war – dieses spielte sich in der ersten Wintersaison nach dem Krieg ab.

Alexander fuhr, fast mit seinem letzten Geld, nach St. Moritz. Er, der öfter Gast im Palace gewesen war und dort eine schöne Suite bewohnt hatte – gar nicht zu reden von seinen Dienern und den Zofen seiner Frau –, mietete sich in einer billigen Pension unweit des Bahnhofs ein. Dann begab er sich ins Palace, wo der Genfer abgestiegen war. Der erste Mensch, der ihm über den Weg lief, war – Hans Badrutt.

Tiefe Verbeugung. Woher Seine Kaiserliche Hoheit denn komme?

Alexander winkte ab. Ach, Titel seien Angelegenheit der Vergangenheit.

Hans Badrutt blieb beharrlich: Warum er, Großfürst Alexander, es verschmähe, im Palace zu wohnen. Dabei kannte er natürlich den Grund. Alexander fügte hinzu, er wisse nicht einmal, wie er die kleine Pension bezahlen solle, wenn der Genfer ihm nicht etwas Geld vorstreckte.

Aber der Genfer war an diesem Tage oder zumindest in jenen Stunden nicht zu finden. Deprimiert kehrte der Großfürst in sein kleines Pensionszimmer zurück – und fand es geräumt. Die Koffer Seiner Kaiserlichen Hoheit, versicherte der Wirt betroffen, seien vom Hotel Palace abgeholt worden. Alexander ging zurück, stürmte, für seine Verhältnisse etwas formlos, in das Büro Badrutts und forderte Aufklärung. «Ich bin ein armer Mann, Herr Badrutt», erklärte er. «Ich könnte nicht einen Tag, nicht eine Stunde im Palace bezahlen.»

«Das Palace ist stolz darauf, Sie als Gast hier zu haben, Kaiserliche Hoheit», war die Antwort. Alexander musste bleiben.

Eine hübsche Geschichte und so typisch für Badrutt. Fast zu schön, um wahr zu sein. Aber der Großfürst selbst hat sie mir später erzählt, Ende der der Zwanzigerjahre in New York.

Ein seltsamer Handel

Damals in St. Moritz war es übrigens auch, dass der Bankier Löwenstein den Großfürsten sah. Zu einer Vorstellung kam es wohl nicht. Alexander lebte betont zurückgezogen. Ein wenig später gelang es ihm dann, einen Teil seiner Münzensammlung in Genf versteigern zu lassen, einen anderen Teil in London. Sie brachte kaum fünf Prozent ihres Wertes. Aber er bekam wenigstens wieder etwas Geld in die Hand und konnte seine dringendsten Schulden bezahlen.

Alfred Löwenstein, noch vor wenigen Jahren ein unbekannter Bankier in Brüssel, war nach Kriegsende zu einem der reichsten Männer der Welt geworden, teils durch den Aufbau eines großen Elektrizitätswerkes, teils durch das Kunstseidengeschäft, in dem er eine monopolartige Rolle spielte. Er war überall: in London, Berlin, Brüssel, Paris. Züge fuhren ihm zu langsam, also flog er. Die Ärzte, die ihn regelmäßig jedes Vierteljahr untersuchten, rieten ihm zur Ausspannung. Daher kam er öfter nach St. Moritz und ging dort spazieren – zwei Stunden vormittags und zwei Stunden nachmittags –, aber auf diesen Spaziergängen war er von Sekretärinnen begleitet, denen er Briefe oder Aktennotizen diktierte.

Dieser Bankier Löwenstein, oder um es genauer zu sagen, sein Privatsekretär, ließ sich mit dem Großfürsten Alexander verbinden. Löwenstein wünschte ihn zu sprechen. Ob er Zeit habe. Was immer Alexander nicht hatte – Zeit hatte er mehr als genug. Infolgedessen war er bereit, sich am folgenden Tag von Löwensteins Rolls-Royce abholen zu lassen. Die Fahrt ging nach Le Bourget, dem damals einzigen Flughafen von Paris. Dort standen einige Flugzeuge Löwensteins. Alexander sollte wählen. Wohin der Flug ging, wurde ihm allerdings nicht verraten, der Pilot selbst wusste es nicht, er würde es erst zehn Minuten nach dem Start erfahren, wenn er das versiegelte Kuvert, das ihm beim Start anvertraut wurde, öffnete. Der Flug führte Alexander nicht, wie er vermutet hatte, nach Brüssel, sondern nach – Biarritz, wo der große Löwenstein ein noch größeres Haus bewohnte.

Nach einem herzlichen Empfang kam der Bankier gleich auf das zu sprechen, was ihm am Herzen lag. Er wollte Alexander verpflichten oder vielmehr engagieren, und sein Wochengehalt sollte 2000 Dollar betragen. Das war damals noch viel mehr Geld als heute, und der Großfürst war nicht uninteressiert zu erfahren, was man von ihm dafür verlange. Löwenstein wollte dafür nichts als einige Unterschriften. Er beabsichtigte, in Biarritz, in Brüssel, in Paris und anderswo Gesellschaften zu geben und Herrschaften einzuladen, die es bis dahin verschmäht hatten, ihn zur Kenntnis zu nehmen. Wenn aber die Einladung «Alfred Löwenstein per Alexander, Großfürst von Russland» unterzeichnet war, würden sie es sich zweimal überlegen, abzusagen.

Alexander überlegte es sich auch, aber nur einmal, und lehnte ab. Später schrieb er in seinen Memoiren: «Zu meiner Zeit wäre jeder Adelige, der sich auf so etwas eingelassen hätte, aus allen Clubs, denen er angehörte, herausgeflogen.» Liberal, wie er dachte, war es für ihn doch eine Unmöglichkeit, für einen Löwenstein Einladungen zu unterzeichnen.

Löwenstein tröstete sich. Er fand einen jungen französischen Herzog, der die Proposition akzeptierte, und das, obwohl ihm der Bankier nur 500 Dollar pro Woche anbot. Er flog aus keinem Club, er wurde nicht geschnitten, die Gäste, die Löwenstein sich so sehnlich wünschte, kamen, aßen seinen Kaviar, schlürften seine Austern, tranken seinen Champagner.

Alexander zuckte resigniert die Achseln, als er davon hörte. Die Zeiten hatten sich eben geändert. Es war nicht mehr «seine Zeit».

Übrigens sollte sich Löwenstein seiner gesellschaftlichen Erfolge nicht lange erfreuen. Er kam auch nicht mehr nach St. Moritz. Bald darauf, im Juli 1928, verschwand er von der Bildfläche – und das ist wörtlich zu nehmen. Er hatte nach Konferenzen in London seine Fokker bestiegen, um nach Brüssel zurückzufliegen. Nachdem er seinen Sekretärinnen einige Briefe diktiert, mit seinem Sekretär ein paar Worte gesprochen, seinem Butler Anweisungen gegeben hatte, begab er sich auf die Toilette. Zehn Minuten später wunderte sich der Butler – vielleicht war es auch der Sekretär –, dass der Bankier nicht zurückkam, und zwanzig Minuten später wurden beide unruhig und sahen nach. Die Tür öffnete sich – die Toilette war leer. Löwenstein war verschwunden.

Löwenstein blieb verschwunden. Die Piloten, durch eine kurze Nachricht des Sekretärs verständigt, gingen fast bis zur Meeresoberfläche hinunter, um die Umgebung abzusuchen. Das Flugzeug landete unweit der belgischen Küste, die Autoritäten, die Polizei, Kriegsschiffe, Fährschiffe wurden alarmiert. Keine Spur von Löwenstein.

Es war ein Mysterium, und es blieb ein Mysterium. War er von denen, die im Flugzeug saßen, ermordet und beiseitegeschafft worden? Undenkbar, dass so viel – zwei Piloten, zwei Sekretärinnen, ein Butler und ein Privatsekretär – miteinander konspiriert hätten, um dies zu ermöglichen. Und warum sollten sie auch? Sie hatten vorzügliche Stellungen, verdienten viel Geld. War er vielleicht gar nicht in das Flugzeug gestiegen? Nein, es gab unzählige Zeugen, die gesehen hatten, dass er in Croyden eingestiegen war.

Das Mysteriöseste an dem ganzen Mysterium aber: Es wurde festgestellt, dass es für einen einzelnen Menschen gar nicht möglich war, gegen den Wind die schwere Tür zu öffnen, durch die allein Löwenstein hätte entkommen oder – im Falle eines Mordes – hinausbefördert werden können. Selbst für zwei sehr starke Männer wäre es schwierig gewesen, die Tür zu öffnen und sie dann wieder zu schließen.

Einer der Fälle, die niemals – jedenfalls nicht bis heute – aufgeklärt worden sind, über die damals die ganze Welt und nicht zuletzt St. Moritz sprach und noch lange, lange sprechen sollte.

Engadiner Autorevolution

Haben wir eigentlich schon davon erzählt, dass im Kanton Graubünden ein striktes Autoverbot existierte?

Aber schon im Sommer 1907 war etwas geradezu Sensationelles geschehen: Ein Auto erschien im Engadin. Was tun? Der Schmied Christian Mathis wurde zu Hilfe gerufen. Er spannte Pferde vor das Auto, das von Chiavenna bis nach Vicosoprano gezogen wurde. Dort Pferdewechsel und Weiterfahrt bis Maloja, und von dort ging es nach Martinsbruck. Überall, wo das «verbotene» Auto durchkam, standen Menschen am Straßenrand. Viele hatten noch nie ein Auto gesehen, keiner hatte wohl ein von den Pferden gezogenes Auto gesehen.

Im Jahre 1908 wurde die Autofrage akut, als ein weiteres Auto – wie, ist nicht überliefert – in St. Moritz anlangte. Die «Engadiner Post» vom Sommer 1908: «Ein Automobilfreund aus St. Moritz fragt die Regierung daher im Rätier an, aus welchem Grund man dem Automobilbesitzer gestattet habe, das Engadin mit seinem Auto zu durchfahren, und ob andere diese Begünstigung auch erlangen können. Die Regierung wird auf diese Fragen und auf dem Wege der Presse kaum antworten. Sie hätte auch wahrlich viel zu tun, wenn sie sich in dieser Weise jedem Einzelnen gegenüber verantworten wollte.»

In den Zwanzigerjahren siegte schließlich das Auto im Engadin – oder vielleicht sollte man sagen, über das Engadin.

Aber davon, dass das Auto sozusagen ein täglicher Gebrauchsartikel in Graubünden und insbesondere im Engadin werden könnte, war vorläufig keine Rede. Vergebens kämpften einige vorausblickende Männer dafür, dass man das Auto zulasse. Vergebens veröffentlichte die «Engadiner Post» laufend Briefe von Gästen, die an ihre Hotels schrieben, sie könnten leider nicht nach St. Moritz kommen, weil es ihnen verwehrt sei, ihr Auto mitzunehmen.

Die Zeitung rechnete aus, dass allein in der Sommersaison – damals war niemand so verrückt zu glauben, dass er im Winter per Auto nach St. Moritz gelangen könne – dem Dorf nahezu zwei Millionen Franken infolge des Autoverbots verloren gingen, etwa die Summe, die St. Moritz während des Krieges an Steuern gezahlt hatte.

Die progressiven Kräfte gaben keine Ruhe. Schließlich kam es zu einer kantonalen Abstimmung – am 23. und 24. Juni

1923. Ergebnis: Das Auto wurde zugelassen, wenn auch freilich vorläufig nur für ein Jahr.

Am 9. Juni 1924 neue Abstimmung. Die Freisinnige Partei Graubündens beschwor die Leser des Generalanzeigers für das Ober- und Unterengadin. Auch die Hoteliers waren – begreiflicherweise – für die neuerliche Zulassung des Autos.

5. Juni 1924:

«Hoteliers, Handels- und Gewerbetreibende! Stimmt am nächsten Sonntag, respektive Pfingstmontag, geschlossen für Zulassung des Automobils im Bündnerland! Hotelier-Verein St. Moritz, Handels- und Gewerbe-Verein St. Moritz.»

Der Schmied Mathis begann bereits, Garagen zu bauen.

Aber ein großer Teil der Bevölkerung des Engadins – nicht die Majorität –, vor allem die Bevölkerung von St. Moritz, war weiterhin gegen das Auto eingestellt. Jeder Autounfall – und es gab deren nicht wenige – wurde besprochen, und die Neunmalklugen wiederholten ständig, dass sie es immer gesagt hatten, das Auto sei eine Plage und überdies nur eine vorübergehende Erscheinung – wer würde in ein paar Jahren noch vom Auto sprechen?

Im Suvretta-House erinnert man sich noch heute daran, dass Bauern Baumstämme über die Straßen legten, wo Autos passieren wollten, dass sie den Automobilisten – damals waren die Wagen meist noch offen – Steine nachwarfen.

Als im Jahre 1926 schließlich die Zulassung des Autos für den Kanton Graubünden endgültig beschlossen wurde, gaben sich gewisse St. Moritzer noch immer nicht geschlagen. Ihr Führer war der Tierarzt Dr. Fasciati. Der fuhr noch viele Jahre mit seinem von einem Pferd gezogenen Wägelchen durch St. Moritz, und zwar mitten auf der Straße, sodass er von den verzweifelt hupenden Autos nicht überholt werden konnte.

Freilich, auch er konnte die Entwicklung nicht aufhalten. Eine erfreuliche Entwicklung? Damals glaubte man es in St. Moritz wie auf der ganzen Welt. Heute, 40 Jahre später, ist dieser Glaube einigermaßen erschüttert.

Übrigens wurden damals trotz Verbots Glücksspiele veranstaltet, aber nicht öffentlich, sondern privat – und vor allem im Palace, wo ja auch die Leute wohnten, die genug Geld hatten, um zu spielen, ohne sich nachher erschießen oder erhängen zu müssen –, sehr zur Empörung der sogenannten kleinen Leute und einiger führender Männer der Dorf- oder Kurverwaltung, die sich ausrechneten, was mit einer Steuer, die erhoben worden wäre, hätte man öffentlich spielen dürfen, alles anzufangen gewesen wäre: Man hätte Wege bauen, Bänke aufstellen, Arbeitslose besser unterstützen können.

Davon konnte also keine Rede sein.

Aber im Palace, in einem Privatsalon, der die Direktion nichts anging, wurde gespielt, und zwar sehr hoch. Interessant ist, dass damals gerade die großen Autoindustriellen sich dabei hervortaten. Zitiert sei die Gesellschaftsberichterstatterin Paula von Reznicek:

«Im Palace, in einem Privatsalon. Die Automobilgewaltigen André Citroën und Ettore Bugatti spielen Ecarté um points, über welche die Gambler in Monte und Cannes gestaunt hätten. Eingeweihte stellten fest, dass ihnen gar nichts geschehen konnte, denn Autos waren damals währungssicherer als Schecks. Es kam nur darauf an, welche Fabrik zuerst leer war. André Citroën hatte weniger Glück als Ettore Bugatti.»

Davon wusste offiziell niemand etwas. Und doch wusste es ganz St. Moritz. So groß war das Dorf ja schließlich auch wieder nicht. Obwohl es täglich größer wurde, das heißt, die Zahl derer, die kamen, um sich an der St. Moritzer Sonne zu wärmen, stieg, stieg, stieg.

Glorreiche Ungewissheit des Sports

Die Begeisterung der St. Moritzer kannte keine Grenzen, als das Internationale Komitee sich entschloss, die Winterspiele 1928 im Engadin abzuhalten: Die ganze Welt würde kommen, ein Geschäft nie geahnten Ausmaßes erblühen! Die ersten Olympischen Winterspiele!

Genau genommen waren es zwar nicht die ersten, die zwischen dem 11. und 19. Februar 1928 in St. Moritz stattfinden sollten, sondern schon die zweiten. Die ersten, 1924 in Chamonix durchgeführt, waren jedoch allenfalls als Versuch anzusehen, ob so etwas überhaupt möglich war, und nur 12 Nationen hatten sich an dem Wettbewerb beteiligt: Diesmal aber, nach St. Moritz, würden sie alle kommen, vor allem die Deutschen, die 1924 nicht zugelassen worden waren, alles in allem 25 Nationen, mit sage und schreibe 492 Wettkämpfen, nicht eingerechnet die Pfleger und Trainer und Masseure und die unumgänglichen Offiziellen.

Und natürlich noch die Vertreter der internationalen Presse! Ein ganzes Haus, das Badhotel Victoria, wurde für sie reserviert.

Nur einige wenige St. Moritzer hatten gewisse Bedenken. Sie wussten, dass Olympische Spiele zwar ein großes Geschäft werden konnten, aber nicht werden mussten.

Denn bevor die Spiele überhaupt ein Geschäft werden konnten, musste zuerst einmal viel Geld investiert werden – und das gab es in St. Moritz damals nicht. Gewiss, die letzten drei oder vier Saisons waren mehr als befriedigend ausgefallen, doch diese paar Jahre hatten beileibe nicht genügt, um die Säckel des Dorfes aufzufüllen. Und nun mussten kostspielige Bauten errichtet werden, ein Stadion, die Drahtseilbahn zur Corviglia, vor allem aber die Olympiaschanze.

Gewiss, St. Moritz nannte sich damals schon Wintersportplatz – und das mit einigem Recht. Da war die Julierschanze, die sich schon seit 1904 in Betrieb befand, aber sie würde olympischen Ansprüchen nicht genügen: Der Wintersport war ja damals noch nicht das, was er heute ist. Und was St. Moritz anging, so kamen zwar viele im Winter, aber nicht um Sport zu treiben, sondern um sich zu sonnen und eine Minderheit dabei zu beobachten, wie sie in halsbrecherischer Weise die Hügel heruntersauste, Bob und Schlitten fuhr oder, etwas weniger halsbrecherisch, Figuren auf dem Eis zog.

Endlich kam der große Tag, der 11. Februar 1928 mit der Einweihungsfeier der II. Olympischen Winterspiele auf dem großen Eisstadion. Der Schweizer Skimeister Hans Eidenbenz sprach den olympischen Eid vor. Die Konkurrenzen begannen.

Und dann kam alles ganz anders.

Man spricht oft, vor allem in den angelsächsischen Ländern, von der glorreichen Ungewissheit des Sports.

Im Februar 1928 in St. Moritz zeigte es sich, dass die Ungewissheit des Sports manchmal auch etwas weniger glorreich sein kann. Zweierlei geschah, mit dem niemand gerechnet hatte und mit dem auch niemand rechnen konnte. Es betraf die Zuschauer und das Wetter.

Zum Ersten: Es kam nicht gerade zu einem Streik der Zuschauer, aber zu einer fast streikähnlichen Haltung. Die Zuschauer – das waren ja in erster Linie die Gäste, die schon viele Jahre nach St. Moritz zu kommen pflegten und die ein bisschen Betrieb ganz gern mochten. Aber es musste doch alles seine Grenzen haben. Plötzlich sahen sie sich in einem Hexenkessel von Betrieb: keine gemütlichen Spaziergänge mehr auf nahe Hügel oder Berge, kein ruhiges und – kostenloses – Zurücklehnen in Liegestühlen, um sich zu sonnen.

Kostenlos? Da waren die Eintrittspreise. Es ist später festgestellt worden, dass viele der alten Kurgäste angenommen hatten, an den Olympischen Spielen – als Zuschauer, natürlich – teilnehmen zu können, ohne extra dafür zu bezahlen, dass sie die Olympischen Spiele gewissermaßen «mitnehmen» könnten.

Davon war keine Rede.

Um ein Rennen auf der Bobbahn, ein Skispringen mit ansehen zu dürfen, musste man Eintrittspreise zahlen. Sie waren, um es gelinde auszudrücken, gepfeffert. (Heute würde man sie für lächerlich halten.)

Die Heinzelmännchen

Was also gründlich danebenging, war die Beteiligung des – zahlenden – Publikums. Zum Zweiten: das Wetter. Wer hatte je davon gehört, dass es auf 1800 Meter im Engadin im Februar taute? Alte St. Moritzer konnten sich nicht daran erinnern, dass dies je vorgekommen war.

Wie dem auch sei: Es taute.

Schon vor Beginn der Spiele war Föhn ausgebrochen und hatte Schnee und Eis zum Schmelzen gebracht. Es war sogar der Gedanke aufgetaucht, die ganze Veranstaltung abzusagen, aber dann war aus dem Föhn ein Sturm geworden und aus dem Sturm ein Schneesturm. Es lag zu Beginn der Winterspiele so viel Schnee, dass er selbst bei Tauwetter während der Spiele nicht völlig wegschmelzen würde.

Mit dem Eis war es jedoch eine andere Sache. Die berühmte Sonne von St. Moritz verdarb es. Wettbewerbe im Eissport mussten umgelegt, verschoben, noch einmal verschoben werden, einige wurden sogar ganz abgesagt, so unter anderem die 10 000 Meter, nachdem bereits drei Teilnehmer das Rennen absolviert hatten.

Alles stand auf dem Spiel. Mit Recht begriffen die Veranstalter, dass ein Abbruch der Eislaufkonkurrenzen eine Katastrophe für St. Moritz bedeuten würde.

Zu allem Überfluss begann jetzt auch noch ein warmer, fast sommerartiger Regen zu fallen. Dann aber setzte, schon spät am Abend, plötzlich, von einer Minute zur anderen, starke Kälte ein.

Und nun zeigten die St. Moritzer, dass sie zaubern konnten. Zurückblickend glaube ich, dass in dieser Nacht kein Einwohner von St. Moritz oder Pontresina sein Bett gesehen hat, und das dürfte auch für viele Einwohnerinnen, Kinder und Greise gelten. Ich habe nie erfahren, was da alles getan wurde, ich weiß nur, dass, als wir morgens erwachten, sich die Eisflächen in tadellosem Zustande befanden. Und da nun auch, wie die Sportberichterstatter jener Tage schrieben, «das Wetter ein Einsehen hatte», konnte alles seinen Lauf nehmen, wenn auch unprogrammmäßig.

Es wurde berichtet, dass das internationale Publikum kein besonderes Interesse an den Spielen hatte. Seltsam genug, das änderte sich, als man sich fragen musste, ob sie nicht abgebrochen würden. Schon am Nachmittag jenes Abends, an dem übrigens der Presseball stattfand, umlagerten die Menschen das Thermometer, das ständig stieg. Viele von uns rechneten damit, am nächsten Tag abzufahren. Nur die Unentwegten, die bis vier oder fünf Uhr morgens tanzten, stellten fest, dass das Thermometer inzwischen unter null gesunken war, auf minus vier und schließlich auf minus sechs. Aber von dem, was die St. Moritzer «Heinzelmännchen» in der Dunkelheit vollbracht hatten, ahnte auch ich noch nichts.

Warum das allgemeine Interesse gerade für die Konkurrenzen auf dem Eis? Das hatte mit einem jungen Mädchen zu tun, das noch relativ unbekannt war – oder dessen Name doch nur Sportliebhabern etwas sagte – und das in den nächsten Tagen eine Weltberühmtheit werden sollte: Sonja Henie.

Nur einige von uns wussten, dass die kleine Sonja, die sich so lustig gab und es wohl auch war, kein sehr leichtes Leben führte. Sie hatte niemals mit Freundinnen spielen dürfen, seitdem der Vater, ein fanatischer Sportler, entschlossen war, sie zu einer der Ersten auf dem Eise zu machen. Es hatte für sie nie Erholung, nie Schokolade oder Eis gegeben, es gab für sie nur die Pflicht, die Erste zu werden. Für den Außenstehenden wirkte alles, was sie auf dem Eis machte, mühelos, selbstverständlich. Wie viel Schweiß, wie viel Herzweh – Kinder leiden ja mehr, als sie uns sagen können – sie das alles gekostet haben mag, hat man auch später nie erfahren.

Als sie nach St. Moritz kam, war sie noch nicht einmal 16 und huldigte dem Eissport erst knapp 7 Jahre, nämlich seitdem sie zu Weihnachten Schlittschuhe geschenkt bekommen hatte. Sie lernte schnell, sie übte täglich, sie war bald vom Sport besessen.

Mit 11 Jahren wurde sie norwegische Meisterin und durfte zum erste Mal bei den Olympischen Spielen, den bereits erwähnten in Chamonix, mitwirken. Damals fiel sie schon einigen Fachleuten auf, hauptsächlich, weil sie von früh bis spät trainierte. Sie war die Erste auf dem Eis, sie verließ es, wie es schien, mit Bedauern, wenn die Dämmerung weitere Exerzitien gefährlich machte. Ein kleines Mädchen, ein wenig robust, mit kurzem Röckchen, einem zebragestreiften Pullover und einer hohen Mütze. Was die Zuschauer verblüffte, war nicht so sehr ihre Sicherheit als ihre Unbekümmertheit. Wenn sie ausglitt und auf dem Eis saß, lachte sie, sprang auf und lief weiter, als sei nichts geschehen. Damals kam sie auf den achten Platz.

Sie war nicht aufzuhalten. Bei den Weltmeisterschaften 1926 in Stockholm wurde sie hinter der Wienerin Herma Jarosz Szábo Zweite – und viele protestierten, weil sie meinten, Sonja sei die Beste gewesen. 1927 in Oslo wurde sie Weltmeisterin.

Und nach St. Moritz kam sie schon als Favoritin.

Als die Ausscheidungen begannen – am 17. Februar –, wurde das Eis mit jeder Minute weicher. Das Pflichtlaufen der Damen konnte gerade noch begonnen werden. Um zwei Uhr nachmittags mussten die Endausscheidungen für das Pflichtlaufen der Damen um zwei Stunden verschoben werden, das Eis war zu weich geworden.

Und – Ironie des Schicksals – zum ersten Mal waren die Tribünen überfüllt, und trotzdem drängten sich noch Zuschauer, die bis dahin nicht neugierig gewesen waren, herbei und nahmen mit Stehplätzen vorlieb.

Sonja lief in einem kurzen schwarzen Seidenkleid. Sie war ganz überlegen. Am nächsten Morgen, es war der 18. Februar, konnte dann auch noch die Kür unter Dach und Fach gebracht werden. Siegerin: Sonja Henie.

Keine Ruhe vor dem Sturm

Alles kam nach St. Moritz, was einen Namen hatte. Es kam zum Beispiel König Alfons XIII. von Spanien – war er eigentlich König von Spanien, oder nannte er sich nur so? Es kam der italienische Fliegergenaral Italo Balbo. Es kam der vorzügliche amerikanische Schlagerkomponist Cole Porter; es gab Douglas Fairbanks, der große Star des Stummfilms, der auf der Leinwand so tolle Kunststücke vollführte, aber in St. Moritz vorsichtiger war. Grund: Die Versicherung zahlte zwar für gebrochene Beine, wenn sie im Filmatelier gebrochen wurden, nicht aber während der Urlaubszeit. Mit ihm erschien die unbeschreiblich schöne Mary

Pickford, seine Frau – und alle glaubten damals, dies sei die ideale Ehe schlechthin – bis die beiden wenig später geschieden wurden.

Es erschien – zu Beginn der Wintersaison 1928/29, also fast ein Jahr nach jenen berühmten zweiten Olympischen Winterspielen, ein Mann, der zwar keinen Titel hatte noch sonst wie berühmt war, aber in dem St. Moritz der nächsten Jahre eine entscheidende Rolle spielen sollte. Sein Name: Gustav Doebeli.

Dieser Mann hatte sich im Hotelgewerbe hochgedient. Er war Zimmerkellner und Kellner in vielen großen schweizerischen Hotels gewesen, unter anderem auch im Carlton in St. Moritz. Er war in einem der großen Lausanner Hotels als Barmann angestellt; dann geschah dreierlei. So jedenfalls hat er es später in seinen Memoiren berichtet, die er nicht eigentlich schrieb, sondern erzählte – geschrieben wurden sie von dem vorzüglichen Schriftsteller James Schwarzenbach.

Erstens: Ein Italiener, der viel an der Bar saß, erzählte ihm, für die kommende Wintersaison suche das Palace in St. Moritz einen guten Barmann. Und als Doebeli meinte, dafür dürften seine Kenntnisse nicht ausreichen, vertraute ihm der Gast an, er hätte der Familie Badrutt bereits erzählt, dass Doebeli der richtige Mann sei.

Nummer zwei: Um die gleiche Zeit hatte Doebeli, mehr zum Spaß, eine Wahrsagerin aufgesucht, die gerade im besagten Lausanner Hotel wohnte, und die hatte ihm prophezeit, er werde in Kürze das Hotel verlassen, um eine andere Stellung anzunehmen, und er werde da mehr Geld verdienen. Sie fügte warnend hinzu, er werde in seiner neuen Stellung mit vielen hübschen Damen zu tun haben.

Drittens: Am 6. Oktober 1928 traf Hans Badrutt mit seiner Frau Helene in Lausanne ein, und sie fragten ihn, ob er Lust hätte, zu ihnen zu kommen. Das Gespräch dauerte lange, und wie mir Doebeli später berichtete, war es vor allen Dingen Frau Badrutt, die ihn entscheidend beeindruckte.

Sie war die zweite Frau Badrutts. Nach dem Tod der ersten hatte Badrutt sie kennengelernt, während sie in der Saison in St. Moritz die Filiale eines Modegeschäftes leitete. Ihre Tüchtigkeit imponierte ihm, und ihre Ruhe, ihre Sicherheit, ihre Fähigkeit, die Situation zu überblicken. Überdies war sie eine ungemein attraktive und amüsante Frau. Hans Badrutt sollte es nie bereuen, sie geheiratet zu haben. Auch das Palace sollte es nie bereuen.

Die Bar

Doebeli traf also am 10. Dezember 1928 in St. Moritz ein. Es empfing ihn ein Mann, der von Kindesbeinen an im Palace tätig gewesen war, der sich langsam vom Pagen zum Hausdiener, zum Portier und schließlich zum Concierge heraufgedient hatte: dem heute noch sagenhaften Chasper Ans Grass, der in der Geschichte von St. Moritz eine solche Rolle gespielt hat wie ein Stadtpräsident oder Bürgermeister in irgendeiner Stadt.

Grass, groß und fest, mit einem Kopf, der jedem Generaldirektor zur Ehre gereicht hätte, mit einem Gedächtnis, das ans Fabulöse grenzte – niemals vergaß er den Namen oder das Gesicht eines Gastes, auch nicht, was der Gast mochte oder nicht mochte. Grass also hatte alle abkömmlichen Angestellten des Palace am Bahnhof versammelt, als Doebeli aus dem Zug stieg, und stellte sie ihm vor. Wer wusste besser, wie wichtig der Barmann im Palace war! Und er wusste ferner, dass niemand auf der Welt, und wäre er auch der geschickteste Barmann, ahnen konnte, was ihn im Palace erwartete. Seine Worte: «Der wird noch sein blaues Wunder erleben!»

Genau das geschah.

Doebeli hatte schon lange genug hinter einer Bar gestanden – sogar hinter vielen –, um zu wissen, dass ein Barmann nicht nur einer ist, der die gewünschten Getränke verabreicht. Das natürlich auch. Aber wer bestellte was?

Und vor allem: Wer wollte so viel trinken, dass er alles vergaß, was ihn bedrückte? Und was bedrückte ihn? Oder sie?

Keine Angst! Der Barmann findet es heraus, denn niemandem auf der Welt werden so viele Geheimnisse, so viele höchstpersönliche Probleme anvertraut wie einem Barmann. Fast jeder, fast jede, die sich auf einen Barstuhl setzt, hat früher oder später das Bedürfnis, sich auszusprechen. Mag sein, dass er (oder sie) eine Zeit lang gar nichts sagen, vor sich hinstarren, missmutig oder todtraurig, oder dass er plötzlich zu lachen anfängt oder sie mit Mühe einen Weinkrampf unterdrückt. Früher oder später, spätestens nach dem vierten oder fünften Whiskey, nach dem dritten oder vierten Martini – legen sie los.

Doebeli merkte bald, dass sie in der Palace-Bar besonders früh und sehr ausgiebig loslegten. Er erzählte mir, er habe sich darüber den Kopf zerbrochen, woran das liegen mochte. Lag es vielleicht an der Höhenluft oder daran, dass so viele gut aussehende Frauen respektive Männer in greifbarer Nähe – und das ist wörtlich zu nehmen – weilten? Ich glaube, und ich habe es ihm auch gesagt, dass es vor allen Dingen daran lag, dass die Gäste des Palace nichts zu tun hatten. Ein Pariser, ein Londoner, ein Berliner, ein New Yorker wird – es gibt da natürlich auch Ausnahmen – sich irgendwann daran erinnern, dass er morgen früh ins Büro muss oder vielleicht noch im Verlaufe des Abends nach Hause zu seiner Frau oder zu seiner Freundin. In St. Moritz gab es manchmal eine Frau und sehr oft eine

Freundin, und gar nicht so weit entfernt – aber irgendwie spürten die Männer – und auch die Frauen, dass alles doch ganz anders war. Es gab keine beruflichen Verpflichtungen, keine Sitzungen, keine Büros. Vielleicht hatte es doch mit der Höhe zu tun.

Jedenfalls legten sie los.

Es gab damals schon das Wort Psychoanalyse und sogar einige wenige Menschen, die wussten, was darunter zu verstehen sei.

Doebeli gehörte wohl nicht zu diesen Leuten, aber wie er mir später versicherte, war ihm rückblickend klar, dass es eigentlich eines Psychoanalytikers bedurft hätte, um hinter der Bar des Palace zu schalten und zu walten. Um die Probleme aller der Herren und Damen, die nicht immer Herren und Damen waren, zu lösen, hätte man sie von den Barstühlen herunterlocken und auf ein Sofa legen und stunden-, tage-, wochenlang befragen müssen.

Aber dazu hatte Doebeli keine Zeit, welcher Barkeeper hat dazu denn Zeit? Er muss stets neue Drinks mixen. Manchmal musste er auch so tun, als ob er den Wunsch nach neuen Drinks nicht gehört hätte, weil er wusste, dass die Dame oder der Herr, die nicht unbedingt Herren oder Damen sein mussten, schon viel zu viel getrunken hatten. Das bedeutete zwar, dass er weniger verdiente, aber vielleicht auch, dass es einen Skandal weniger in der Bar gab.

Erstaunlich, dass diese Gäste, die unheimlich viel tranken, unheimlich viele Gäste bewirteten, unter Umständen sehr knausrig sein konnten. Es war eine Sache, eine Rechnung zu unterschreiben, und eine andere, sie zu zahlen.

Es gab Gäste, die pro Abend 500 oder 1000 Franken in der Bar ausgaben – und das war damals sehr viel mehr als heute – und die dann, wenn sie Trinkgelder berechneten, um jeden Franken feilschten; um am nächsten Morgen dem Kellner, dem sie 2 oder 3 Franken abgezogen hatten, 50 oder 100 Franken in den Rachen zu werfen.

So war es im Palace, so war es in vielen Häusern in St. Moritz.

Mysteriöser Herr

Fast jeden Winter erschien ein Herr aus London, nicht mehr jung, sehr elegant, mit weißen Brauen, mit einem gepflegten weißen Spitzbart. Er kam sicher nicht, um Sport zu treiben. Er konnte nicht einmal ohne Stock gehen. Er litt an Gicht. Er war stets von zwei oder drei Bedienten abgeschirmt, den Privatsekretär nicht mit eingerechnet. Das war Sir Basil Zaharoff, einer der reichsten Männer der Welt, geboren als armer Grieche in Tatavla, im Elendsviertel von Konstantinopel. Der heimliche Munitionsminister aller Ententestaaten des Weltkrieges, der Mann, der an Millionen Toten Millionen verdient hatte und der nach dem Krieg aus Hass und Ingrimm gegen die Türken, die so oft mordend und plündernd in Griechenland eingefallen waren, den Griechenfeldzug gegen die Türken finanzierte. Ging es wirklich um einen Krieg zwischen den Türken und den Griechen oder, wie viele vermuteten, um das Öl von Mossul, und war Zaharoff nicht vielleicht nur der Strohmann der Engländer, der gegen die von den Franzosen unterstützten Türken arbeitete? Oder war dieser Krieg nur die Fortsetzung des Weltkrieges I, notwendig für die Waffenlieferanten, die auf ihren Beständen sitzen geblieben waren?

Nur diejenigen, die Sir Basil Zaharoff gut kannten, ahnten, wie gleichgültig ihm das alles war. Ihn interessierte nur eines. Nur eine. Eine Frau. 35 Jahre hatte er auf sie gewartet, erst am 22. September 1924 hatte er sie heiraten können, die

Herzogin von Villafranca. Er, der im türkischen Elendsviertel geborene Grieche, die spanische Aristokratin.

Zaharoff war bereits ein wohlhabender Mann, und niemand in der Waffenindustrie zweifelte daran, dass er bald einer der Ersten seines Faches sein würde, als ihm etwas geschah, womit er, der gut aussehende, liebenswürdige, raffinierte Bursche nie gerechnet hatte: Er verliebte sich. In einem Zug, im Orientexpress, nur wenige Abteile von dem seinen entfernt, saß der spanische Herzog von Marchina, der gerade ein entzückendes junges Mädchen geheiratet hatte, Maria del Pilar Antonia Angela Patrocinio Simona da Muguiro y Beruste.

Der Herzog hatte, wie Zaharoff, der noch auf dem Gang des Schlafwagens eine Zigarette rauchte, feststellen musste, etwas merkwürdige Gelüste. Jedenfalls öffnete sich plötzlich die Tür des Abteils, das junge Mädchen – es war noch ein Mädchen – erschien im Negligé und warf sich Zaharoff an den Hals: «Helfen Sie mir, Monsieur! Mein Mann ist verrückt geworden!»

Im Hintergrund erschien der Herzog, mit einer Peitsche bewaffnet. Zaharoff schlug den Mann nieder, nahm das Mädchen mit in sein Abteil, beruhigte und verführte es.

Und der mächtige Herzog musste, wollte er nicht blamiert und desavouiert vor aller Welt dastehen, nicht nur schweigen – sondern auch seinen nicht unbeträchtlichen Einfluss geltend machen, um Zaharoff einen großen spanischen Rüstungsauftrag zu verschaffen.

Ohne Zweifel hatte Zaharoff geglaubt, diese eine Nacht im Schlafwagen stelle ein Intermezzo dar. Er irrte, er kam von der Frau nicht mehr los, es war die große Liebe und vielleicht auch die Bestätigung dafür, dass er etwas geworden war. Für sie war diese Liebe die Rettung.

Es gab Komplikationen. Natürlich konnte eine katholische Ehe in Spanien nicht geschieden werden, und schon gar nicht, wenn es sich um eine so prominente Familie handelte. Und dann geschah, was Zaharoff teils gehofft, teils gefürchtet hatte, der Ehegatte wurde endgültig geisteskrank und interniert.

Nun existierte kein Grund mehr für die Liebenden, nicht miteinander zu leben. Diskret natürlich. In der europäischen Gesellschaft erzählte man sich, Zaharoff habe die Frau vor den Angriffen einer Räuberschar gerettet – und bei dieser etwas albernen Erklärung blieb es auch nach der Geburt zweier Töchter.

Inzwischen waren Jahrzehnte vergangen, aber der verrückte Herzog wollte und wollte nicht sterben. Zaharoff war der geheimnisumwitterte König der Waffenlieferanten geworden, und während der Balkankriege, während der südamerikanischen Kriege – bei denen die beiden Gegner jeweils von Zaharoff gelieferte Waffen benützten – verdiente er Summen, die kaum noch auszurechnen waren. Und dieser Mann, der mit letzter Brutalität Völker aufeinander hetzte, indem er ihnen, je nach Erfordernis, Waffen und Munition lieferte, woran sie körperlich und wirtschaftlich verbluteten, stiftete Unsummen für Kriegshospitäler, für Seemannsheime, für arme Kinder, für Waisen, stiftete Literaturpreise, gab Geld für Forschungsarbeiten gegen Seuchen, ja, für Sportler.

Längst besaß er die größte Munitionsfirma der Welt, Vickers Armstrong in England. Was bedeuteten ihm noch ein paar Maschinengewehre! Er lieferte Schlachtschiffe, Unterseeboote, er hatte nach dem Ersten Weltkrieg seine Hand im Mossul-Geschäft, und gerade dieses Mossul-Ölgeschäft führte wiederum zu neuen Kriegen auf dem Balkan.

Das alles interessierte Zaharoff, längst Sir Basil, nur noch am Rande. Entscheidend für ihn war die Frau, auch jetzt noch, da er schon ein alter Mann war und sie durchaus nicht mehr jung. Er hatte nur eine Angst: Der Herzog in seinem Irrenhaus könnte ihn überleben.

Aber auch dieses letzte Mal sollte er Glück haben. Im November 1923 starb der verrückte Herzog. Und schon neun Monate später, am 22. September 1924, berichtete der Pariser «Matin» zweispaltig. «Sir Basil Zaharoff hat sich in auffallender Heimlichkeit mit einer spanischen Aristokratin vermählt.»

Der Bräutigam war damals 75, seine Frau längst Großmutter. Zaharoff, der sich sein Leben lang nicht darum scherte, was die Leute über ihn dachten, was sie von ihm sprachen oder über ihn schrieben, wollte nun endlich, endlich seine Ruhe haben. Die Hochzeit hatte im Schloss Balincour in der Umgebung von Monte Carlo stattgefunden, und dort wollten die beiden alten Leute leben. Er ließ alle Ansichtskarten dieses Schlosses aufkaufen, er erließ ein Verbot, es zu fotografieren. Das Schloss sollte nur ihnen beiden gehören.

Aber das Glück war nicht von langer Dauer. Am 26. Februar 1926 berichtete der «Temps». «Gestern starb in Monte Carlo Mme Basil Zaharoff, Herzogin von Villafranca. Das Hinscheiden der hohen Frau, deren Güte und Freigebigkeit sprichwörtlich war, wird bei allen, die mit ihr in Berührung kamen, die ihren Charme, die Kultur ihres Geistes, ihre im Stillen wirkende Wohltätigkeit kannten, einmütiges Bedauern hervorrufen.»

Es dauerte lange, bis Zaharoff, der Situationen so schnell erfasste, begriff, was ihm da geschehen, wie sinnlos sein Leben geworden war. Und nun passierte etwas Seltsames. Er, der sich geschworen hatte, sein Schloss nicht mehr zu verlassen, der todmüde war und nichts mehr vom Leben erwarten konnte, ließ seine Koffer packen und begann zu reisen. Immer wieder erschien er in St. Moritz. Man konnte den sehr großen, immer noch schlanken Greis in der Halle des Kulm sitzen sehen, vor sich eine Tasse Kaffee, den er nicht anrührte. Er starrte ins Leere. Was sah er wohl? Sicher nichts von dem, was sich um ihn herum abspielte.

Chalandamarz um die Jahrhundertwende mitten in St. Moritz

Blick vom Piz Nair über Munt da San Murezzan auf St. Moritz und Pontresina.

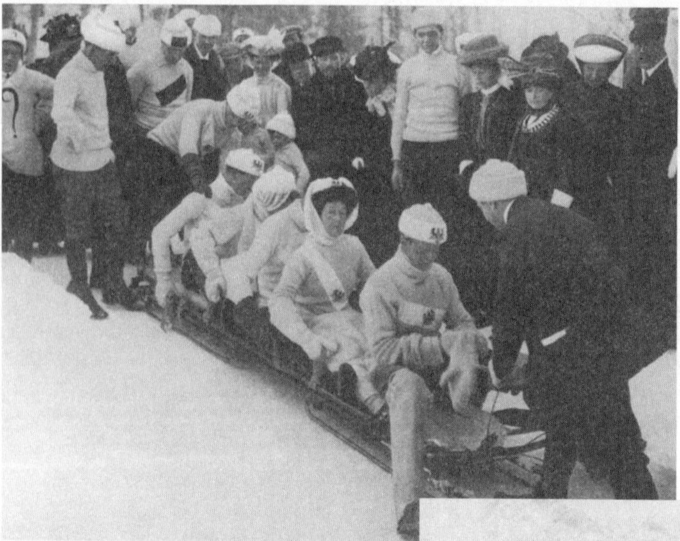

Start zu einer Fahrt auf dem St. Moritzer Bobrun anno 1908. Als Steuermann der damalige deutsche Kronprinz.

1883:
Skifahrerin im Badrutts Park.

Der vielfarbige Wegweiser – Spiegelbild der zahlreichen Abfahrten von Corviglia

Auto: 1925/1926: Die Maloja-Post im Winter, am Silsersee.

Eine Schlittenpartie, die sogenannte «Tailing Party», ehemals berühmte und beliebte gesellschaftliche Veranstaltungen, die heute wegen des Autoverkehrts verboten sind, n der Horse-Shoe-Kurve des Olympia Bob-Runs.

Links: Alfred Hitchcock, re
mäßiger Gast in St. Moritz,
kann seine Scherze auch au
dem 3057 m hohen Piz Nai
nicht lassen

Oben: Vharles Chaplin und
Douglas Fairbanks, 1926

Links: Erich Maria Remarq
und seine Frau Paulette
Goddard gehören zu den
treuesten Besuchern von
St. Moritz

Unten: Marlene Dietruch,
Serge Lifar, Anika Badrutt

Oben: Jean Cocteau und
Hans Badrutt sen.

Mitte: Helena Badrutt und
Hans Albers

Links: Elsa Maxwell und
Gunther Sachs amüsieren sich
und die Cresta-Fans auf dem
St. Moritzersee

Erstes Flugzeug nach London, Abflug 4. März 1920, 07:30 Uhr. Von rechts nach links: Hans Badrutt, Dr. Zutt (Kurdirektor), Hall Craine (Schriftsteller), Chefpilot Comte, im Flugzeug Lt. Col. Lorraine (engl. Schauspieler).

Eröffnung der Olympischen Winterspiele 1948.

Das erste Pferderennen auf dem St. Moritzersee im Jahre 1907.

Oben: Die St. Moritzer Olympia-Skisprungschanze.

Links: Beim Curlingspiel. Die erste Curling-Clubgründung auf dem europäischen Kontinent – der sogenannte St. Moritz Curlingclub – erfolgte am 20. Dezember 1880 in St. Moritz.

Golf um 1908.

Segeln auf dem St. Moritzsee. Im Hintergrund Piz Polaschin. Die Obe
engadiner Seen wurden zu einem eigentlichen alpinen Segelzentrum.

VERGNÜGUNGS-KURORT

Relativ spät war St. Moritz vom Film entdeckt worden. St. Moritz als Kulisse, St. Moritz als Hintergrund,St.Moritz als Bühne.

Erstaunlich eigentlich, denn das, was St. Moritz bot, konnte man in keinem Atelier aufbauen, nicht einmal in Hollywood. Aber um diese Zeit feierte – nach vielen Jahren der Wildwestfilme, die in Kalifornien, New Mexico, Arizona und ähnlich romantischen Landschaften gedreht worden waren – der Gesellschaftsfilm Triumphe. Es handelte sich sowohl um moderne als auch um historische Gesellschaftsfilme. Für die historischen musste man nolens volens Straßen, manchmal sogar Schlösser und Kirchen bauen. Dass die Salonkomödien im Atelier spielten, war selbstverständlich. Die sogenannten exotischen Filme wurden meist in unmittelbarer Nachbarschaft der Filmmetropolen, vor allem in Paris und Berlin – gedreht. «Die Lieblingsfrau des Maharadscha» zum Beispiel spielte im Wesentlichen in den Rüdersdorfer Kalkbergen, etwa eine halbe Stunde von Berlin entfernt. Wer von den Zuschauern wusste schon, wie es in Indien aussah?

Es war der später so zu Unrecht vergessene – oder von seinem Schüler Luis Trenker in den Hintergrund gedrängte Dr. Arnold Fanck, der begriff, dass die Schönheit der Natur eine mindestens ebenso starke Attraktion bildete wie die Schönheit des Filmstars, von seinem oder ihrem Spiel, falls solches möglich war, ganz zu schweigen. In der Umgegend von St. Moritz drehte er zum Beispiel den Film «Der heilige Berg» mit Leni Riefenstahl, bis dahin Tänzerin, die seinen ersten Film gesehen und sich in diesen wie auch in den Hauptdarsteller Trenker, damals noch Bergführer, verliebt hatte.

Noch bevor die Wirtschaftskrise begann, fanden in St. Moritz Festlichkeiten statt, wie man sie sich bis dahin weder dort noch anderswo je hätte vorstellen können. Allabendlich waren die Bars überfüllt.

Übrigens gab es viele, die St. Moritz so sehr liebten, dass sie nicht nur ein paar Wochen im Hotel bleiben wollten, sondern mehrere Monate im Jahr im Engadin zu verbringen wünschten. Sie mieteten oder kauften sich Villen. Was dort vor sich ging, war noch bedeutend schlimmer – oder vielleicht wilder – als die Festlichkeiten im «Palace». Die Umwelt erfuhr es einmal dadurch, dass allabendlich – und der Abend begann schon gegen fünf Uhr nachmittags – Kellner der großen Hotels mit Waschkörben voller Champagner und anderer Getränke in diese Villen beordert wurden. Ferner dadurch, dass am nächsten Morgen, manchmal auch am nächsten Nachmittag, einige Gäste in bedenklichem Zustand aus den Villen heraus- und in ihre Hotelbetten geschafft wurden. Viele von ihnen erinnerten sich später an überhaupt nichts mehr. Manche nur an Magnum-Champagnerflaschen und an entsprechend riesige Gläser. Ferner betroffen waren die Kellner, denen solche Gläser öfters an den Kopf geworfen wurden, was sie sich indes gefallen ließen, da die Trinkgelder entsprechend waren. Und die Kutscher der Schlitten, die die ganze Nacht vor den Villen ausharrten. Auch das zahlte sich aus. Gelegentlich erhielten sie zwecks Aufwärmung ein paar Flaschen Wodka oder Schnaps oder, sie wurden ja auch hungrig, ein paar Schüsseln Kaviar, es kam nicht darauf an.

Allgemein bekannt war, dass auf solchen rauschenden Partys früher oder später immer eine Schlägerei ausbrach, manchmal auch mehrere, und dass die unglückseligen Verlierer durch das Fenster im Schnee landeten; entweder holten die Kellner sie wieder herein, oder die Kutscher fuhren sie von dannen.

Nur in den äußersten Fällen griff die St. Moritzer Polizei ein.

Teddy Stauffer spielt!

Unmerklich, über die Jahre hat sich eine Wandlung vollzogen. Es wurde viel spazieren gegangen, viel eis-, viel Ski gelaufen, Bob und Cresta gefahren – aber im Verlauf der Zwanzigerjahre verlegte sich der Schwerpunkt immer mehr von außen nach innen. Man war nach St. Moritz gekommen, um sich in der Sonne zu braten und gute Luft zu atmen. Man blieb dort, um sich zu amüsieren – das heißt, zu trinken und zu tanzen. Der «Daily Sketch» schrieb – laut Gustav A. Doebeli – in dieser Zeit einmal, dass nirgends auf der Welt pro Quadratmeter eine so große Menge Alkohol konsumiert werde wie in der Palace-Bar. Das war natürlich eine Vermutung, und schließlich herrschte ja in Amerika noch die Prohibition, was bedeutete, dass man zumindest offiziell in den großen Lokalen nicht trinken durfte – in den Dreißigerjahren sollte das nachgeholt werden. Aber es würde wirklich schwerhalten, ein Lokal etwa in Paris, London, Berlin, Rom zu nennen, das damals ähnlichen Alkoholumsatz verzeichnete wie etwa die Palace-Bar.

Das Erstaunlichste war, dass Männer und Frauen, die in ihrer Heimat und überhaupt, sich außerhalb von St. Moritz relativ normal benahmen, in der Bar – und natürlich in ähnlichen Etablissements – völlig überschnappten, sich jede Nacht betranken, zahllose Runden spendierten und in jeder Beziehung wie verwandelt waren. Eine Untersuchung über die Bedeutung der Bar im 20. Jahrhundert – dieses Werk wird einmal geschrieben werden – wird an den St. Moritzer Nachtlokalen kaum vorübergehen können.

Es wurde getrunken – und getanzt.

Und das war vor allen Dingen der Kapelle zu verdanken, die unter Teddy Stauffer spielte. Teddy Stauffer und seine Kapelle – insgesamt 16 Mann – war ein Unikum, wenn man so etwas von 16 Männern sagen kann. Denn er war – Schweizer. Bis zu seinem Auftreten in St. Moritz hatte man so etwas eigentlich noch nie gehört: ein schweizerisches Tanzorchester! Eine schweizerische Jazzband! Es war doch ungeschriebenes Gesetz, dass insbesondere Jazzbands aus Amerikanern zu bestehen hatten oder zumindest aus solchen, die in Amerika gewesen waren, oder allenfalls aus französischen Negern – später auch aus Italienern. Und da kam so ein biederer Schweizer daher und spielte denen allen etwas vor, dass ihnen Hören und Sehen verging.

Er war in Bern geboren, hieß keineswegs Teddy, sondern Ernst Stauffer. Der Vater war Bankbeamter, der älteste Bruder war Bankbeamter, und die Familie hatte beschlossen, schon als Ernst noch in die Schule ging, dass auch er Bankbeamter werden sollte.

Aber er interessierte sich für Musik. Er spielte Saxofon und Geige. Und gründete bald ein Amateurorchester mit Gymnasiasten und Handwerkern. Sie spielten auf Bällen, bei Amateurveranstaltungen. Damals nannte man ihn allgemein Gufe, zu deutsch Stecknadel, weil er so groß und mager war. Das Orchester hatte übrigens keinen Namen.

Wenn er nicht musizierte, trieb er Sport: Fußball, Tennis, Schwimmen – auch Skilaufen. Er hatte bereits im «Heiligen Berg» mitgewirkt und auch in anderen Filmen, wo immer man beherzte Skiläufer brauchte. Dabei tat er einen üblen Sturz, und es war eine Zeit lang aus mit dem Skilaufen und auch mit dem Geigenspiel. Der Vater triumphierte. Nun würde Gufe endlich vernünftig werden und einen bürgerlichen Beruf ergreifen. Er wurde auch Banklehrling. Aber er blieb es nicht lange. Das von ihm gegründete Amateur-Orchester entfloh nach Berlin.

Dort hatte man nicht gerade auf junge Männer gewartet, die zum Tanz aufspielten. Es ging ihnen eine Zeit lang mehr schlecht als recht. Aber dann kam die große Chance. Sie wurden ins «Femina» engagiert, ein Lokal in der Nürnbergerstraße, nah der Tauentzienstraße, nur einen Sprung vom Kurfürstendamm entfernt, kurz, in der «tollsten» Gegend von Berlin. Die «Femina» war, heute darf das ja gesagt werden, ein bisschen anrüchig. Dort verkehrten Männer, die sich nicht unbedingt als Männer fühlten, dafür aber Frauen, die sich umso mehr als Männer fühlten. Es waren jene Jahre in Berlin, wo alles ein bisschen drunter und drüber ging, es war ein bisschen zu lustig vielleicht oder, wie der Schauspieler Gustaf Gründgens, der sehr oft in der «Femina» zu finden war, es nannte: verrucht.

Das Orchester gastierte auch in anderen deutschen Städten und bekam einen gewissen internationalen Ruf.

Es hatte inzwischen auch einen Namen erhalten. Das begann damit, dass der Schlagzeuger Paul Guggisberg von einer Verehrerin einen Teddybären bekam und ihn auf seiner Trommel montierte. Darauf wurde das Orchester die «Teddys» genannt. Die Direktion fand, es sei nicht gut, dass die Schweizer gewissermaßen auf die demokratische Tour reisten, es müsse jemand da sein, der als Dirigent und Leiter fungierte und gelegentlich mitspielte.

Sitzung der Mitglieder der Band. Ergebnis: Es wurde beschlossen, denjenigen herauszustellen, den man am besten entbehren konnte. Es soll hier nicht behauptet werden – obwohl es behauptet worden ist –, dass Ernst Stauffer derjenige war, der am schlechtesten spielte. Jedenfalls waren seine Genossen der Ansicht, er sei derjenige, der am besten entbehrt werden konnte. Darum wurde er als – völlig überflüssiger – Dirigent vor die Jazzband gestellt. Und da diese nun einmal den Namen «Teddys» hatte, wurde er von einer Nacht zur anderen Teddy Stauffer.

Aber der Ordnung und der Gerechtigkeit halber muss auch erwähnt werden, dass er durchaus nicht ohne Talent war. Vielleicht konnten seine Künste nicht als überwältigend bezeichnet werden, aber er hatte Charme, konnte Leute ansprechen, sie unterhalten, ging von Tisch zu Tisch, machte Bekannte, Freunde und – Freundinnen.

Und eines Tages meinte die Direktion des Carlton, es sei vielleicht eine lustige Sache, wenn St. Moritz über eine Schweizer Jazzband verfüge. Der Vertrag war fast unterschrieben – als Hans Badrutt in letzter Minute «Teddy» und seine Männer in das Palace herüberholte.

Dort machten sie Sensation. Besonders Teddy selbst war eine Sensation und blieb es viele Jahre lang. Er spielte annehmbar Geige – wie gesagt, sensationell war es nicht –, er blies einige Instrumente, aber vor allem: Er sah zauberhaft aus. Die jungen – und zu seinem Leidwesen auch die älteren – Damen konnten sich an ihm nicht sattsehen. Viele verliebten sich unsterblich in ihn.

Namen, Namen ...

In Amerika sagt man, dass, wenn man lange genug an der Ecke Broadway und 42. Straße wartet, man jeden Menschen auf der Welt trifft; jeden einigermaßen prominenten, natürlich.

Das Gleiche konnte vom St. Moritz jener Tage gesagt werden – und insbesondere von den Hallen und den Bars der großen Hotels. Unmöglich, alle die Namen der Prominenten aufzuzählen.

Der Film war immer häufiger vertreten. Es kamen Jeannette MacDonald und Harald Lloyd. Es kam die sagenhaft elegante Gloria Swanson, von der man behauptete, sie trage jedes Kleid – und was kosteten sie! – nur ein einziges Mal, und das Gleiche galt für ihre Schuhe und Strümpfe. Douglas Fairbanks erschien wieder, nicht mehr mit Mary Pickford, sondern mit einer anderen Dame, einer gewissen Lady Ashley, die er bald darauf heiratete – vielleicht war es auch schon vorher. Nach seinem Tode heiratete Lady Ashley übrigens wieder und sogar ein paar Mal wieder, unter anderem Clark Gable. Eine genaue Buchführung liegt nicht vor.

Es erschien, im Glanz ihres neuen Ruhms, Marlene Dietrich, noch immer Berlinerin und doch schon ein wenig Amerikanerin, ungeheuer smart, verführerisch, amüsant. Die «göttliche Marlene», wie man sie nannte, obwohl sie alles andere als das war. Ihr Charme bestand ja gerade darin, dass sie sich wie eine gewöhnliche Sterbliche gab, dass sie mit jedermann sprach, fast mit jedermann tanzte, immer bereit, alles mitzumachen, eine Frau, mit der man Pferde stehlen konnte.

Es erschien immer mal wieder der Flieger Ernst Udet, dessen Spezialität es war, seine Freunde und Bekannten zu einem Flug einzuladen und dann die tollsten Kunststücke in der Luft zu machen – Loopings, bis die Passagiere nicht mehr wussten, wo oben oder unten war.

Es erschien Hans Albers, durch den Tonfilm von einem zum anderen Tag berühmt geworden, nachdem er jahrelang kleine und kleinste Rollen in Operetten und Filmen hatte spielen müssen.

Es wurde auch Tennis gespielt – das Palace besaß damals eine Tennishalle. Da gab es Turniere in internationaler Besetzung. Unter anderem sah man Jean Borotra. Jacques Brugnon, auch Henri Cochet tauchte manchmal auf. Und einmal sogar der schon alternde Claude Anet, Verfasser des Romans «Ariane», Entdecker von Susanne Lenglen.

Häufiger Gast war der Aga Khan, damals schon eine Koryphäe der internationalen Gesellschaft, wenn auch nicht ganz so dick wie in späteren Jahren, allerdings schon recht füllig, mit vorstehenden braunen Augen, mit Tränensäcken und einem imponierenden quadratischen Schädel.

Er befand sich stets auf Reisen. Immer mussten seine Koffer gepackt sein, er wusste nie, wohin er heute oder morgen fahren würde. Bombay ... Persien ... Konstantinopel ... Paris ... London ... – oder nach St. Moritz?

Ein seltsamer Mann.

Ein Mann? Ein Gott, der Gott über sechs Millionen Ismaeli, die ihn anbeteten und denen es völlig gleichgültig war, dass er durchaus nicht das Leben eines Gottes führte. Einer seiner «Untertanen» in Indien oder Persien, der von einem amerikanischen Reporter befragt wurde, wie er denn an einen Gott glauben könne, der im Ritz in Paris wohne, antwortete:

«Wenn es Gott Spaß macht, im Ritz zu leben, warum nicht?»

Ein Gott war man nicht ohne Anstrengung. Die Religion der Ismaeli schrieb vor, dass der Aga Khan jeden seiner Untertanen empfangen, der ihn sprechen wollte, jedem seinen Rat erteilen musste.

1908 hatte er geheiratet. Das zweite Mal. Die erste Ehe war schiefgegangen, sie hatte keinen Nachkommen produziert und war somit nach ismaelischem Gesetz aufgelöst worden. Die zweite Frau ...

Es handelte sich um die schöne italienische Tänzerin Theresa Magniano. Er hatte sie in irgendeiner gleichgültigen Operettenvorstellung in Monte Carlo gesehen, sich in sie verliebt, sie noch am gleichen Abend in sein Hotel-Appartement gebeten und, wenn der Ausdruck erlaubt ist, mit Champagner und Kaviar überschüttet. Fast unmittelbar darauf machte er ihr – keine unsittlichen Anträge – sondern einen Heiratsantrag. Sie zögerte, obwohl sie natürlich, wie jeder an der Riviera, um den fabelhaften Reichtum des Aga Khan wusste. Sie hatte doch Tänzerin werden wollen, eine berühmte Tänzerin! Aber schließlich willigte sie ein.

Das war im Jahre 1908.

Der erste Sohn, den sie dem Aga Khan gebar, starb schon nach wenigen Wochen. Der zweite, Ali Khan, kam 1911 zur Welt.

Es war eine glückliche Ehe, die der Aga Khan mit seiner Frau führte. Dann geschah etwas Seltsames. Theresa erkrankte in dem Schloss an der Riviera im November 1926. Kein Arzt wusste, was ihr eigentlich fehlte. Das Fieber stieg. Der Aga Khan ließ sie nach Paris bringen. Die Ärzte meinten, eine Operation sei notwendig. Sie wurde noch in der gleichen Nacht durchgeführt. Der Chirurg zuckte die Achseln. Möglich, dass sie durchkommen würde, allerdings nicht sehr wahrscheinlich. Erst nach einer Woche gab er sich optimistischer. Falls die nächsten Tage keine Komplikationen mit sich brächten, würde die Patientin gesund werden.

In diesen Tagen ersteigerte der Aga Khan durch einen Agenten in London den berühmten 61-karätigen Diamanten, den «Golden Dawn». In Kreisen der Diamantenhändler munkelte man, auf diesem Stein laste ein Fluch. In der Tat waren schon mehrere Besitzer des Steins unter merkwürdigen Umständen gestorben oder hatten ihr Vermögen verloren. Der Aga Khan glaubte nicht an solche Märchen. Er glaubte, mit 4500 Pfund (das waren damals rund 100.000 Goldfranken) den Stein billig erworben zu haben.

Aber von diesem Augenblick an verschlechterte sich das Befinden Theresas von Stunde zu Stunde. Das Fieber stieg, schon war sie im Delirium, noch in der Nacht nach der Ankunft jenes verfluchten Diamanten war sie tot.

Von dieser Stunde an hielt es den Aga Khan nirgends mehr. Er reiste. Er wollte vergessen – und konnte es nicht. Er versuchte, sich mit anderen Dingen zu beschäftigen – seine Ismaeli nahmen schließlich nicht viel Zeit in Anspruch, jedenfalls nur die Zeit, die er im Orient verbrachte. Er spekulierte in Öl – und machte dank der Ratschläge des alten Rockefeller, der ihn mochte, ein Riesenvermögen, obwohl er bereits eines besaß. Er erfuhr rechtzeitig davon, dass der britische Secret Service William Knox-Arcy seine persische Ölkonzession abnahm, und schaltete sich ein. Er gehörte zu den Gründungsmitgliedern der Anglo-Persian Oil Company.

Er hatte schon in seiner Jugend begonnen, sich für Pferde zu interessieren. Er kaufte acht Pferde für 25.000 Pfund Sterling – aber sie gewannen nie ein Rennen. Trotzdem machte ihm die Sache Spaß. Er kaufte weiter, und allmählich wurde sein Stall einer der berühmtesten und erfolgreichsten der Welt. 1923 hielt er bereits den zweiten Platz in der Rangliste der Ställe, 1924 war sein Stall mit 19 Siegen der erfolgreichste Englands.

Man munkelte, er verdiene rund 400.000 Dollar pro Saison auf den Rennplätzen. Er hatte das Geld nicht nötig. Zu dem enormen ererbten Vermögen, zu dem, was er sich durch Spekulationen in Erdöl geschaffen hatte, kamen nun auch noch die Abgaben der Gläubigen. Man bedenke: Sechs bis acht Millionen Gläubige mussten dem Aga Khan jedes Jahr Steuern entrichten – in Indien, in Ostafrika, in Nordafrika, in Persien und in anderen Ländern des Nahen Ostens.

Niemand hatte eine Ahnung, wie viel Geld da zusammenkam. Der Aga Khan äußerte sich nie darüber. «Die Gaben, die ich empfange, sind ja», erklärte er, «nicht Steuern im eigentlichen Sinn. Es sind heilige Gaben – der Liebe.»

Er war reich, er war erfolgreich – und entsetzlich einsam, trotz der unzähligen Frauen, die durch sein Leben zogen.

Erst 1928 änderte sich das. In einer Konditorei in Aix-les-Bains sah er die kleine Schokoladenverkäuferin Andrée Carron. Von da an kam er täglich in die Konditorei und kaufte Unmengen von Schokolade und Kuchen, womit er nichts anzufangen wusste. Die kleine Carron wusste sehr wohl, dass er ihretwegen kam. Aber sie war trotzdem erstaunt, als er ihr einen Heiratsantrag machte. Sie sagte, sie sei verlobt – das war sie auch, schon zwei Jahre lang, aber der betreffende Herr hatte nie von Heirat gesprochen. Sie fragte ihn, ob es ihm ernst sei. Sonst … Er wollte sich totlachen. Er glaubte nicht einen Augenblick daran, dass die Geschichte mit dem Aga Khan wahr sei. Ein Märchen, mit dem sie die Heirat erzwingen wollte!

Entrüstet ließ sie ihn fallen, gab dem Aga Khan ihr Jawort.

Am 8. Dezember 1928 fand die Hochzeit in Aix-les-Bains statt. Natürlich war es eine große Hochzeit, eine märchenhafte Hochzeit – war denn das Ganze nicht wie ein Märchen?

Und dann begann eine unendliche Hochzeitsreise, die in den Nahen Osten führte und schließlich auch nach St. Moritz. Warum nicht? Hier war der Aga Khan oft gewesen – hier war er in dem ungeheuren Trubel immer einsam gewesen.

Jetzt war er nicht mehr einsam.

Zu den gelegentlichen Gästen gehörte auch der deutsche Kronprinz, jetzt allerdings nur noch Ex-Kronprinz. Er war ein bisschen älter geworden, aber durchaus kein alter Herr, im Gegenteil. Wenn möglich, wirkte er jugendlicher als früher, jedenfalls schien er sich besser zu amüsieren als seinerzeit mit der Kronprinzessin, von der er seit der Revolution getrennt lebte.

Übrigens lebte er nicht unter seinem Namen in St. Moritz, sondern unter irgendeinem anderen, er firmierte als der Graf von Sowieso, aber natürlich wusste jeder, wer er war. Man sah ihn selten allein, und die Damen in seiner Begleitung waren immer sehr hübsch und meistens auch ungewöhnlich jung.

Das Einzige, was sich der Kronprinz in St. Moritz verbat, war, fotografiert zu werden. Die Kellner und die anderen Angestellten mussten höllisch aufpassen, um zu verhindern, dass ein amerikanischer oder englischer Reporter sich in seine Nähe spielte und plötzlich knipste. Mehr als eine Kamera ging bei solcher Gelegenheit entzwei, das heißt, der betreffende Fotograf, der es nie zugegeben hätte, einer zu sein, wurde plötzlich – natürlich rein zufällig – angerempelt, sodass ihm sein Apparat aus den Händen fiel.

Seltsam, wie prominente Gäste reagierten, wenn sie erfuhren, dass ein Herrscher oder ein ehemaliger Herrscher oder ein Mitglied des Herrscherhauses angekommen war. Dann konnte auch das schlechteste Wetter die Leute nicht dazu bringen, abzureisen. Man wollte wenigstens einmal mit dem berühmten Prinzen oder Fürsten oder Ex-König an der gleichen Bar gesessen haben.

Mir erzählte einmal Gustav Doebeli, dass bei trostlosem Wetter alle Welt abreisen wollte, bei der Nachricht, die bekannte Lady Mountbatten würde kommen – unzählige Gäste ihre Abreise verschoben.

Betrieb! Betrieb! Dazu gehörte ein gewisser Großfürst Dimitrij, von dem man behauptete, er sei einer von jenen gewesen, die den dämonischen Rasputin ermordeten – der bekanntlich einen so unglücklichen Einfluss auf die russische Zarin ausübte. Großfürst Dimitrij, der offenbar einen Teil seines Vermögens gerettet hatte, saß allabendlich in der Bar des Palace an einem kleinen Tisch, sprach mit niemandem, schien nichts zu beobachten – aber sah und hörte alles.

Nur einmal – laut Doebeli – öffnete er den Mund und murmelte: «Man tanzt weiter auf der sinkenden Titanic ... Die russische Gesellschaft muss in den Kellern der Tscheka enden … Ich sehe Köpfe rollen … Heute trinken sie Sekt, morgen werden sie hungern …»

Doebeli hielt den Großfürsten für nicht ganz normal. Aber, wer hält einen Propheten schon für normal?

Es war nur kurze Zeit, nachdem Großfürst Dimitrij diese Worte gesprochen hatte, als ein Mann die Zügel des mächtigsten Landes Europas ergreifen sollte: Adolf Hitler kam an die Macht.

Trotzdem: Man amüsiert sich

Während für einen großen Teil derer, die das Dorf während der Sommer- und Wintersaison bevölkert hatten, schwere Zeiten ausbrachen, während sie emigrieren mussten, zuerst die deutschen Juden, später die österreichischen, aber auch viele Nichtjuden, die Hitler oder Mussolini nicht genehm waren, ging der Betrieb in St. Moritz weiter.

Prinz Alexis Mdvani erschien. Es war nicht immer ganz leicht, herauszufinden, welcher Prinz Mdvani kam, es gab deren drei oder vier, man nannte sie die «heiratenden Prinzen». Alexis, der Barbara Hutton bekam, hatte ohne Zweifel den Vogel abgeschossen, aber auch die vorübergehenden Männer von Gloria Swanson oder Pols Negri hatten sich durchaus nicht zu beklagen.

Kurz, Alexis Mdvani erschien, vielleicht waren es auch drei oder vier, und sie gaben das Geld, das sie von ihren jeweiligen Frauen bekamen oder bei der Scheidung von ihnen erhielten, leichten Herzens aus. Es stand ja immer eine andere Millionärin in nächster Nähe, bereit, ihr Geld oder wenigstens einen Teil davon diesen sagenhaften Prinzen in die unersättlichen Rachen zu werfen.

Alexis, der besonders spendabel war und sich selbst nicht ausschloss, wenn es darum ging, größere Mengen Champagner zu vertrinken, erschien stets in Begleitung eines Hausarztes. Es wurde nie klar, warum dieser gute Mann die Nächte in der Bar herumsaß, er trank so gut wie nichts, offenbar wollte er sich nüchtern halten für den Fall, dass er eingreifen müsse – aber er hätte natürlich längst eingreifen müssen, denn was sein Patient in einer einzigen Nacht trank, verstieß gegen alle Regeln der Gesundheit.

Der Prinz trank nicht nur gern, er hatte auch eine Leidenschaft für Schlägereien. Da er sehr stark war und die Kunst der Selbstverteidigung beherrschte, hatten seine Opfer nichts zu lachen. Nur einmal hatte er, wohl in Unkenntnis der Sachlage, sich den früheren Halbschwergewichtsmeister Frankreichs, Georges Carpentier, zum Gegner ausgesucht. Der schlug einmal zu, und der Prinz war für mehr als zehn Sekunden, ja sogar für mehr als zehn Minuten gefechtsunfähig. Wie ein Mann stürzten sich nun die Getreuen des Prinzen auf Carpentier, und auch sie ereilte ein ähnliches Schicksal.

Dies alles spielte sich übrigens in der Bar des Palace ab – so wenigstens berichtete später Doebeli, und es bedeutete keineswegs eine Störung des Betriebs. Es kam öfter vor, dass die Leute sich zerschlugen, und noch öfter, dass sie aus schierem Spaß anfingen, mit Tellern und Gläsern um sich zu werfen. Das war manchmal ein wenig gefährlich, wenn man gerade dort saß, wo so ein Glas landete, aber es geschah eigentlich nie etwas Schlimmes, wenn man von den Rechnungen absah, die am nächsten Morgen bezahlt werden mussten und auch immer prompt bezahlt wurden.

1935: Der erste Skilift der Welt, der sogenannte Suvretta-Lift, wurde eingeweiht. Wenn man bedenkt, dass heute jeder kleine Wintersportplatz über zwei oder drei Skilifte verfügt, und so etwas damals eine Sensation war …!

Im nächsten Jahr fanden Olympische Winterspiele statt, nicht in St. Moritz, sondern in Garmisch, und später wurden die Europameisterschaften – oder waren es die Weltmeisterschaften? – in St. Moritz abgewickelt. Die Helden dieses Ereignisses waren die Eisläufer Maxie und Ernst Baier.

Im Jahre 1936 übernahm dann Anton Badrutt wieder das Kulm, das nach dem Ersten Weltkrieg vorübergehend in die Hände der Banken gefallen war. Es war nicht mehr das alte Kulm. Er musste, ob er wollte oder nicht – einen mondänen Betrieb aufziehen mit Jazzkapelle für ein Publikum, das der Gründer, sein Großvater, durchaus nicht geschätzt hätte. Seine anfänglichen Versuche, aus dem Kulm wieder das zu machen, was es einmal war, musste er bald aufgeben. Die Welt hatte sich verändert, daher musste sich der Charakter der Hotels eben auch ändern. Er verdiente viel Geld, aber aus späteren Äußerungen ist es zu entnehmen – glücklich war er über den Stand der Dinge nicht.

Spionage

Die Dreißigerjahre wurden immer turbulenter – und auch immer schwieriger. Turbulenter, weil die Industriellen und Großkaufleute von Frankreich, England und Amerika viel, sehr viel Geld verdienten. Schwieriger, weil Hitler es nicht wünschte, dass seine Untertanen sich im Ausland vergnügten. Der Grund: Im Ausland erfuhr man, was er im Land geheim hielt.

Es kam mehr als einmal vor, dass ein wohlhabender Deutscher, der ein paar Wochen in St. Moritz verlebt hatte, bei der Rückkehr sich einem peinlichen Verhör unterziehen musste.

Man wollte wissen, woher er das Geld habe, um das teure Leben in St. Moritz zu bestreiten. Auf seine Einwände, so teuer sei das Leben dort gar nicht, zeigte man ihm Rechnungen, die er bezahlt hatte.

Es gab also Spitzel in St. Moritz! Bern erfuhr davon, Bern benachrichtigte die Behörden in St. Moritz, und die benachrichtigten die Hoteliers. Besonders gut schien Berlin über die Vorgänge im Hotel Palace orientiert zu sein. Badrutt und Doebeli hielten eine Konferenz ab. Man ging die Liste des Personals durch. Aber nein, die Angestellten hielten alle dicht.

Durch einen Zufall sah Doebeli, nachdem ein reicher deutscher Gast eine Barrechnung beglichen hatte, einen jungen italienischen Gigolo herankommen, der sich einen Drink bestellte und bei dieser Gelegenheit die Rechnung des Deutschen in seine Tasche schob. Er bat ihn, einen Augenblick in sein Büro zu kommen. Der Italiener folgte ihm nichts ahnend. Das Nächste, was er spürte, waren ein paar kräftige Ohrfeigen, verabreicht von Doebeli persönlich. Dann wurde er von den nicht minder empörten Kellnern ein bisschen zusammengeschlagen, und es wurde ihm der Rat erteilt, mit dem nächsten Zug zu verschwinden. Um nichts dem Zufall zu überlassen, wurden auch die Polizeibehörden, die Pension, in der der feine Italiener wohnte, benachrichtigt, und Doebeli selbst begab sich zum Bahnhof, um festzustellen, ob der faule Kunde auch in dem Zug nach Chur saß. Er saß tatsächlich drin.

Es gab auch andere Skandale. Da war die reizende, gescheite Frau des ehemaligen Kurdirektors, die einen Schlüsselroman über St. Moritz schrieb. Das Werk hieß «The master comes home». In diesem Roman fanden sich Gäste, Bewohner, Amtspersonen von St. Moritz nicht nur porträtiert, sondern karikiert – es kam zu einem kleinen Skandal hinter den Kulissen, und begreiflicherweise entschloss sich der Kurdirektor, sein Amt niederzulegen.

Öfter und nicht nur einmal am Rande des Skandals bewegte sich die pikante Frau Margot von Opel. Sie hatte nämlich die Gewohnheit, Leute miteinander einzuladen, die durchaus nicht zueinanderpassten.

Einmal, als man sich zu Tisch setzen wollte, stellte Frau Margot fest, einer fehle noch, konnte sich aber nach so vielen Cocktails nicht mehr erinnern, wer es war. In diesem Augenblick meldete die Sekretärin, ein Herr mit sonderbarem Namen ließe sich entschuldigen, er käme etwas später, er müsse erst das Buch «Der gute Ton» studieren.

Margot wollte wissen, um wen es sich handle. Die Sekretärin: «Der Herr sagte, er sei Bischof Wotan Kohn.»

Frau Margot wusste Bescheid. Natürlich Erich Maria Remarque ...

Jawohl, es war der große Schriftsteller, der um diese Zeit schon lange in der Schweiz lebte. Die Nazis hatten ihn nie gemocht, er hatte die Nazis nie gemocht und, obwohl nach ihren Begriffen «Arier», legte er nicht nur keinen Wert darauf, es zu sein, sondern den größten Wert darauf, sich mit seinen «nichtarischen» Freunden zu zeigen und zu identifizieren.

1937 erschien im Suvretta-House ein junger Mann, der Sensation machte, weil er – ein anderes Wort ist gar nicht möglich – so schön war. Viele fragten sich, wer es wohl sein könnte. Bald sprach es sich herum, dass es sich um einen König handelte, um den blutjungen König Farouk von Ägypten, der vor einem Jahr den Thron bestiegen hatte, sein Land aber noch einige Zeit von einem nach dem Testament seines Vaters dazu ausersehenen Regenten verwalten lassen musste.

Farouk ... Er war groß, er war schmal, hatte märchenhafte dunkle mandelförmige Augen mit unendlich langen Wimpern. Er schien nicht zu gehen, er schien zu schweben. Er lächelte immer, er schien immer zu träumen. Die Frauen waren ganz verrückt nach ihm. Freilich, sie konnten ihm nicht nahe kommen, dafür sorgten diskrete Herren, die immer um ihn waren. Oder vielleicht Herren, die gelegentlich die eine oder andere doch an ihn heranließen …

Farouk … Ich lernte ihn damals kennen, er reiste unter irgendeinem anderen Namen, aber ich wusste, wer er war, durfte es freilich – sonst hätte man mich keine fünf Worte mit ihm sprechen lassen – nicht merken lassen.

Farouk … Wenn ich in späteren Jahren das Bild des dicken, aufgeschwemmten Mannes sah, musste ich immer an jene Begegnung zurückdenken. Man erklärte mir, in orientalischen Ländern sei es für einen Mann notwendig – zumindest ist es damals notwendig gewesen –, dick zu sein, wenn er Autorität ausstrahlen wolle. Mir war der junge Märchenprinz Farouk, der alles ausstrahlte, nur nicht Autorität, lieber als der Fettwanst, der aus ihm wurde …

Da war, fast jeden Winter, ein gewisser Herr Josef Bivala, Generaldirektor der Skoda-Werke in Pilsen, Herrscher über 60 000 Arbeiter und Angestellte. Er kam mit seiner bezaubernden Frau und seinem Sohn seit Anfang der Zwanzigerjahre. Er machte auf den ersten Blick einen vergnügten Eindruck. Wenn man näher mit ihm in Berührung kam, erklärte er mit erstaunlicher Offenheit, er fürchte das Schlimmste für die nächste Zukunft. Hitler werde keine Ruhe geben, er werde die Welt in einen Krieg verwickeln. Und die Tschechoslowakei werde als eines der ersten Länder dran glauben müssen.

Nachdem Hitler Österreich angeschlossen hatte, war er seiner Sache sicher. Trotzdem verkaufte er seine Anteile an den Skoda-Werken, die er mit aufgebaut hatte, nicht, suchte sich kein Domizil im Westen.

Der Einmarsch Hitlers in Böhmen traf ihn – seltsamerweise – völlig unvorbereitet. Er konnte nur sein nacktes Leben retten und das seiner Frau, die bald darauf durch einen Unfall starb. Er zog nach Zürich und lebte bescheiden und zurückgezogen.

UND WIEDER EINMAL KRIEG!

Der Ausbruch des Zweiten Weltkrieges gestaltete sich für St. Moritz anders als der des Ersten. Man war nicht überrascht. Man hatte ihn seit Wochen, seit Monaten, ja, eigentlich seit Jahren kommen sehen. Gewiss, es gab auch diesmal überstürzte Abreisen, aber die Mehrzahl der Gäste war schon fort, als Hitler sich entschloss, Polen zu überfallen.

Und die meisten von denen, die blieben, waren entschlossen, während des ganzen Krieges zu bleiben.

Da war noch ein Unterschied zum Jahre 1914. Diesmal glaubte niemand an einen kurzen Krieg, der zu Weihnachten vorbei sein würde, zumindest niemand in St. Moritz. Einwohner und Gäste des Dorfes waren in dieser Hinsicht weitblickender.

Die letzten Wochen des Friedens standen schon unter dem Zeichen solcher düsterer Vorahnungen. Diejenigen, die abreisten, zweifelten, ob sie je wieder zurückkommen könnten. Diejenigen, die blieben – natürlich auch manche Einwohner von St. Moritz –, zweifelten, dass St. Moritz jemals wieder St. Moritz werden würde.

Die Hotels leerten sich. Das ganze Dorf leerte sich. In St. Moritz, wo man eben noch geglaubt hatte, sich im Zentrum der Welt zu befinden, fürchtete man nun, auf eine Insel verbannt zu sein, weitab von allem Leben – was man so Leben nannte –, in einem Ozean von Aktivitäten, auf eine vergessene Insel. Ach, wie wenig ahnten die St. Moritzer, welches Glück sie hatten, dass sie sich auf einer gleichsam vergessenen Insel befanden.

Die Saison 1939/40 – wenn man überhaupt von einer Saison sprechen kann – stand im Zeichen allgemeiner Spannung. Und einer gewissen Sentimentalität des Abschieds für immer.

Gustav Doebeli, der, wie statt bisher über 25 Angestellte, nur noch über zwei zu gebieten hatte – und die reichten aus –, trat gelegentlich als Veranstalter eines Wohltätigkeitskonzertes auf. In seiner weißen Baruniform sang er selbst komponierte und gedichtete Lieder. Und das Publikum, soweit es gekommen war, klatschte Beifall. Der große Sänger Richard Tauber, der Deutschland schon 1933 den Rücken gekehrt hatte und sich nach anstrengender Arbeit in St. Moritz erholen wollte, sang zugunsten des Schweizerischen und Finnischen Roten Kreuzes.

Teddy Stauffer, der, obwohl Schweizer, keine Lust hatte, in der Schweiz zu bleiben – sein Publikum war ja fort –, fuhr mit dem Filmstar Lilian Harvey nach Hollywood. Die Karriere, die er dort zu machen hoffte, gelang ihm freilich nicht, und er ging nach Mexiko. Es sollte lange dauern, bis er wieder in St. Moritz auftauchte – aber nicht mehr als Leiter einer Jazzband, sondern – als Gast.

Schon nach dem Kriegsbeginn hatte die PTT ihren Betrieb stark reduziert. Die Post, die etwa 100 Angestellte beschäftigt hatte, musste viele entlassen – andere waren im Militärdienst, bis das Personal dann schließlich auf acht sank.

Oberkellner, Küchenchefs packten ihre Koffer. Die Drahtseilbahnen hielten anfangs noch einen gewissen Verkehr aufrecht, später stellten sie im Sommer den Betrieb ein. Wer wollte, wer konnte Touren unternehmen?

«Es muss etwas geschehen!»

Die meisten Hotels schlossen – nicht alle – freiwillig. Das Palace machte eine rühmliche Ausnahme. Hans Badrutt war entschlossen, durchzuhalten. Und einige wenige begriffen, dass man etwas für die Bevölkerung, die nichts mehr zu tun hatte, tun müsse. Ein Chor wurde zusammengestellt, und zwar aus vielen Chören, die nicht nur in St. Moritz, sondern auch in den benachbarten Orten beheimatet waren. Sie übten Stücke ein, die sonst Orchestern vorbehalten blieben. Das heißt, sie sangen keine Worte, sondern nur Töne, allenfalls la-la-la- oder li-li-li, genau nach der Partitur. Das Ganze sollte eine Art Ersatz für die ausgefallenen Konzerte der Kurorchester werden, und wurde es auch. Vielleicht könnte man über den künstlerischen Wert der Sache streiten, aber die Idee an sich war bewundernswert. Sie stellte unter Beweis, dass der einfache St. Moritzer begriff: Etwas musste geschehen! Etwas musste getan werden.

Aber sonst geschah nichts oder so gut wie nichts. Man erinnerte sich der Erfahrungen des Ersten Weltkrieges. Man faltete die Hände und dachte: Jetzt ist alles aus!

Eines der ersten großen Hotels, das geschlossen wurde, war das Carlton, kurz vor dem Ersten Weltkrieg eröffnet, ein riesiges, herrlich gelegenes Gebäude – es hatte damals fast nur amerikanische Gäste, und es war nicht anzunehmen, dass die Amerikaner während des Krieges nach Europa herüberkommen würden. Geschlossen wurde auch das Hotel Suvretta, das noch im ersten Kriegswinter offen gehalten worden war, und zwar auf Beschluss der Aktionäre. Ein schwerer Fehler, wie sich bald herausstellen sollte. Die Aktionäre glaubten eben nicht mehr an die Zukunft von St. Moritz.

Einige Truppen wurden nach St. Moritz verlegt. Eine Zeit lang hatte man gehofft, dass reiche Schweizer Familien aus den großen Städten in entlegene Gebirgsorte ziehen würden, so wie etwa wohlhabende Mailänder Familien sich an die oberitalienischen Seen begaben, um erst einmal abzuwarten.

Die Hoffnung trog.

Frühjahr 1940: Hitler schlug im Norden los. Es waren dramatische Zeiten für die Schweiz. Niemand vermochte zu sagen, was Hitler nach dem skandinavischen Abstecher unternehmen würde – und vor allem, wo. In Belgien oder in der Schweiz? In den schweizerischen Großstädten brach Panik aus. Wo immer man war – man wollte fort.

So absurd, ja fast frevelhaft das klingen mag: In diesen Tagen war man in St. Moritz – allerdings nur höchst vorübergehend – ein wenig optimistisch. General Guisan hatte keinen Zweifel daran gelassen, dass, wenn er auch die großen Städte nicht verteidigen konnte, an eine Kapitulation nicht zu denken war. Also Rückzug ins Gebirge, Rückzug der Truppen – aber natürlich auch der Zivilbevölkerung.

Es gab einige wenige in St. Moritz, die auf diese Invasion der Schweizer Flüchtlinge warteten, aber sicher nicht mit besonderer Begeisterung, aber auch nicht voller Angst. In St. Moritz würden viele Flüchtlinge Platz finden.

Die Flüchtlinge kamen nicht. Stattdessen kamen mehr schweizerische Soldaten, die nun vor allem in dem bereits geschlossenen Grandhotel einquartiert wurden.

Grund: Italien hatte sich nach dem Fall von Frankreich entschlossen, den Alliierten ebenfalls den Krieg zu erklären, und die italienische Grenze war immerhin nur ein paar Kilometer entfernt.

Stille in St. Moritz. Diese Stille hatte etwas Unwirkliches, diese Leere eines Dorfes, dessen Einwohner zum großen Teil aus Ausländern bestanden hatten – Gästen und Angestellten.

Und das ging vor sich gegen den Hintergrund einer Kulisse von riesigen Hotels, viele Stockwerke, voller Zimmer, die mit dem größten Luxus ausgestattet waren und nun unbewohnt blieben. Manchmal hatte man das Gefühl, morgen würden diese Hotels nicht mehr da sein, würden abgerissen sein wie die Kulissen eines Films. Und hinter dieser Hotelkulisse stand die Kulisse der Berge, majestätisch, ewig unveränderlich, sie sahen in diesem Sommer so aus, wie sie in jedem Sommer gewesen waren, und sie sahen im Winter so aus, wie sie in jedem Winter ausgesehen hatten. Der Krieg schien ihnen herzlich gleichgültig zu sein. Wenn man genau hinsah, konnte man glauben, sie lächeln zu sehen. Wie dumm doch die Menschen waren ... Als ob Kriege irgendetwas änderten ...!

Ausradiert

Viele, bisher gut situierte Hotels verschwanden von der Bildfläche. So das Hotel Château, dessen Renovierungen viel zu teuer gekommen waren. Es wurde vom Besitzer des Hotels Post gekauft, der es abtrug. Ebenfalls verschwand das Hotel Central in St. Moritz Bad, das schon etwas baufällig war. Niemand hatte das Geld oder wollte es riskieren, um es wieder aufzubauen. Auf der Verlustliste standen gleichfalls das Hotel Rekord und der «Piz», aus ihnen entstanden Wohnhäuser.

Die Gemeinde St. Moritz entschloss sich, das Hotel Savoy zu erwerben, allerdings erst 1946, also nach Kriegsende, und zum Rathaus zu machen.

Mehr als 25 Privatvillen standen leer und waren zum Verkauf ausgeschrieben. 25 Privatvillen – das ist für heute keine Zahl, war aber damals eine sehr hohe Zahl. Schlimmer oder entscheidender: Niemand wollte diese Villen, sie waren zu keinem Preis zu verkaufen, niemand glaubte an die Zukunft von St. Moritz, jedenfalls nicht in einem solchen Maße, um auch nur ein paar Tausend Franken – und mehr hätten solche Villen nicht gekostet – zu investieren.

Grandhotel

Das Grandhotel … In diesem Bericht wurde erwähnt, dass es 1905 mit großem Kostenaufwand gebaut wurde. Vielleicht ist jetzt der Augenblick, um etwas näher auf dieses Hotel einzugehen. Es war wirklich ein großes, wenn auch nicht unbedingt schönes Hotel. Es entstand auf Initiative einiger Schweizer und eines Deutschen, insgesamt von sechs Männern, die je 100.000 Franken in die Sache steckten. Es wurde eine Aktiengesellschaft gegründet. 1,5 Millionen sollten eingebracht werden, damals, 1905, entsetzlich viel Geld, aber man riss sich geradezu um die Aktien, es wurden 1,8 Millionen gezeichnet. Trotzdem nicht annähernd genug für das Grandhotel, das insgesamt 5,7 Millionen – inklusive Mobiliar – kostete.

Es war ein Riesenkasten. Es gab in ihm unter anderem 28 Salonwohnungen, 80 Bäder. Gleich in der ersten Saison, also 1905, 320 Angestellte, die allerdings nicht gerade fürstlich besoldet waren. Ein Zimmermädchen erhielt Fr. 1,40 pro Tag plus Verpflegung, bestehend aus fünf Mahlzeiten. Und zum Mittag- und Abendessen gab es Wein. Ein Kellner erhielt monatlich 40 Franken Grundlohn – und sehr hohe Trinkgelder. Für Strom zahlte das Grandhotel pro Jahr 18.000 Franken, und nach fünf Jahren wurde die Summe auf 23.000 Franken erhöht und nach weiteren fünf Jahren immer wieder um 5000 Franken.

Eine Riesenreklame wurde entfaltet. Ganzseitige Inserate wurden im «New York Herald», in der «London Times», im «Life» und in der «Financial Times» veröffentlicht. Man erzählte sich, dass der Verwaltungsrat des Grandhotels 100.000 Goldfranken zu Propagandazwecken zur Verfügung gestellt habe.

Eine andere besondere Attraktion des Grandhotels: Es waren ständig zwei Hotelärzte zur Stelle. Der eine, Professor Nolda aus Aachen, gehörte zu den Gründern, die auch Geld gegeben hatten. Er zahlte während der gesamten Sommersaison 4000 Franken Pension, dafür hatte er nicht nur sein Appartement, sondern auch Untersuchungsräume, und Rechnungen durfte er in beliebiger Höhe ausstellen – und sie waren beliebig hoch. Im Winter kam Dr. Arnold Fitzgerald Clepps aus Pittsburgh. Der zahlte nichts, brachte aber dafür immer ein paar Dutzend Gäste aus seiner Heimatstadt mit. Seine Rechnungen waren, wenn möglich, noch gesalzener.

Dabei konnte man zu einigermaßen erschwinglichen Preisen im Grandhotel wohnen, ein Zimmer mit Pension kostete 16 Franken pro Tag. Allerdings gab es auch Appartements, die viel, viel mehr kosteten. König Fuad zum Beispiel mietete gleich eine ganze Etage für 4000 Franken pro Tag. Ein russischer Prinz, namens Orlow, bezahlte hingegen nur die Kleinigkeit von 3000 Franken. Solche Persönlichkeiten brachten nicht nur ihre Dienerschaft mit, sondern auch ihre Leibärzte und ihre eigenen Köche. Es gab damals kaum eine Saison im Grandhotel, in der es nicht zehn bis zwölf russische Prinzen mit entsprechendem Gefolge als Gäste hatte.

Im Grandhotel herrschte während der beiden Saisons stets Hochbetrieb. Vielleicht war es mehr ein Hotel nach dem Geschmack der Neureichen – jedenfalls gab es zahlreiche Gäste des Palace, die auf jene im Grandhotel ein wenig heruntersahen. Immerhin wurde das Grandhotel während des Ersten Weltkrieges von Russen und Südamerikanern bewohnt. Auch der Präsident von Argentinien, er hieß Sorondo, war dort gelegentlich zu Gast.

Es war nicht immer leicht, im Grandhotel Zimmer zu bekommen, man musste mindestens sechs bis acht Wochen vorher schreiben, unbekannte Gäste mussten eine Anzahlung leisten – oder mit dem vorliebnehmen, was man bekam. Manchmal bekam man überhaupt nichts.

Das Management des Grandhotels wusste Rat. Man mietete – bald nach der Eröffnung, für eine gewisse Zeit – drei Waggons erster Klasse, die auf dem Bahnhof stationiert wurden. Sie waren für die Gäste des Grandhotels reserviert, die zu spät am Abend gekommen waren, um noch eine Unterkunft zu finden. Auf diese Weise mussten sie wenigstens nicht im Freien übernachten.

Berühmt waren auch die Weine des Grandhotels, von denen jeweils 300 000 bis 400 000 Liter lagerten. Wenn Champagner verlangt wurde, gab es prinzipiell nur Pommery. Kurz: Ein Grandhotel in des Wortes wahrster Bedeutung.

Aber schon in den schwierigen Dreißigerjahren gab es Zeiten, in denen das Grandhotel dicht vor dem Konkurs stand. Die Banken mussten eingreifen, sanieren, retten. Dann, bis zum Zweiten Weltkrieg, herrschte wieder Hochbetrieb.

Und dann wurde das Grandhotel geschlossen und später für die in St. Moritz stationierten Truppen geöffnet. Aber nicht das eigentliche Hotel, sondern der sogenannte Bärengraben. Die Gesellschaftsräume und die Luxusappartements blieben von der Einquartierung ausgeschlossen.

Und dann geschah etwas sehr Seltsames: Am Abend des 29. Juni 1944 brach im Grandhotel Feuer aus.

Ein Augenzeugenbericht

St. Moritz, 30. Juni (Privattel.) Um 20.50 Uhr bemerkten wir, wie starke schwarze Rauchwolken aus den verschiedenen Fenstern vom Nordostflügel des Grandhotels drangen. Einzelne Soldaten versuchten, durch eine Tür ins Innere des Gebäudes zu gelangen, doch war diese verschlossen. Rasch entschlossen kletterten sie mithilfe einer Leiter in das Zimmer, in dem sich einige ahnungslose Kameraden befanden. Diese suchten sofort, den Brandherd aufzuspüren, doch kaum hatten sie das Zimmer verlassen, als ihnen schon starke Flammen entgegenschlugen. Mithilfe von Wasserkübeln versuchten sie, das Feuer zu löschen, doch wurde dieses immer stärker, sodass an ein Entkommen durch die Servicetreppe, die aus Holz war und lichterloh brannte, nicht mehr zu denken war. Alle stürmten in den Schlafsaal zurück; jeder Soldat nahm dort Gewehr und Tornister. Schon gab es keinen anderen Ausweg mehr als durch das Fenster, denn das Feuer hatte sich zum Flammenmeer entwickelt.

21.30 Uhr heulten alle Sirenen in St. Moritz. Feuerhörner ertönten. Schon schlugen wuchtige Feuergarben aus dem Dachstock des Nordostflügels. Die Ortsfeuerwehr war bereits tätig; aber der Brand wurde von Minute zu Minute größer, obwohl auch Männer der Feuerwehr von Pontresina und Samaden das Großfeuer bekämpfen halfen.

Allmählich beginnt sich die Kupferkuppel in der Mitte des Gebäudes glühend zu verfärben. Die Kuppel, für die noch vor kurzer Zeit 40.000 als Metallwert geboten wurden, öffnet sich, und heraus schießen 50 Meter hohe Feuergarben in hellgrüner Farbe. Dann stürzt sie donnernd und krachend in sich zusammen.

Mit zwei Motorspritzen versuchen die Feuerwehren von St. Moritz, Samaden und Pontresina, durch das Wasser, das aus dem St. Moritzer See gepumpt wird, wenigstens den südlichen Teil des Gebäudes dem Feuer zu entreißen; doch ist alles vergebens. Es herrscht Südwind. Man beginnt, das Dach und die Fassade des in der Nähe stehenden Palace-Hotels mit sechs Hydranten zu bespritzen, denn die brennenden Gluten fliegen im Umkreis bis zu 200 Meter umher.

Aus den Fenstern werfen Feuerwehrleute Matratzen, Decken, kostbare Möbelstücke, die früher die Appartements der verschiedenen Prinzen und Fürsten dekorierten. Hunderte von HD (Hilfsdienst-Truppen) nehmen diese Stücke in Empfang und bringen sie in Sicherheit. Aber lichterloh brennt das Grandhotel von St. Moritz weiter …

Das Ganze war ein Mysterium, und das Mysteriöseste daran ist, dass es bis heute keineswegs gelöst ist. Die ersten Berichte waren sich einig darüber, dass das Hotel ausbrannte. Heute noch lebende Zeugen wissen zu berichten, wie «spektakulär» dieser Brand, der ja immerhin die ganze Nacht über gedauert hatte, gewesen war, und dass das Feuer die Nacht weithin erhellte. Aber bald darauf wurde verkündet, dass sämtliche Möbel oder doch so gut wie alle Möbel gerettet worden waren und weiterverkauft wurden. Darüber gibt es sogar genaue Angaben; sie füllten 87 Waggons, der Käufer war der französische Staat, die Kaufsumme betrug 900.000 Franken. Die Franzosen wollten die Möbel, um den Ausgebombten zu Hilfe zu eilen. Die Einrichtung des Restaurants des Grandhotels ist heute noch im Seebad Dinant zu sehen.

Es ist auch nie geklärt worden, wie es zu dem Brand kam, wer Schuld hatte. Es handelt sich hier um eines der bestgehüteten Geheimnisse des Zweiten Weltkrieges. In St. Moritz wurde vermutet – und das ist auch heute noch so –, dass das Feuer durch eine glimmende Zigarette, die achtlos weggeworfen worden war, entstand. Diese Zigarette hatte an herumliegenden Abfällen Nahrung gefunden, um dann im Liftschacht ein Feuer zu entfachen. Die Situation wurde besonders kritisch dadurch, dass vor dem Hotel eine große Menge Holz aufgeschichtet war – man hatte ja damals keine Kohle, um zu heizen.

Es wurde schon seit Jahren – lange bevor der Zweite Weltkrieg ausbrach – in St. Moritz davon gesprochen: «Das Grandhotel brennt eines Tages ab!» Es leben noch heute genug Leute, die das bezeugen können. Aber wie entstand das Gerücht? Warum entstand es? Wer hatte ein Interesse daran, es zu verbreiten?

In St. Moritz sprach man begreiflicherweise noch monatelang von dem Brand des Hotels. Man hätte noch länger davon gesprochen, würde nicht etwas anderes alle sonstigen Themen uninteressant gemacht haben: Der Krieg ging seinem Ende entgegen. Die Alliierten rückten in Deutschland vor. Die deutschen Armeen in Italien wussten, dass sie verloren waren.

Dann war der Spuk zu Ende. Man fragte sich in St. Moritz: Werden die alten Zeiten wiederkehren?

WIEDERAUFERSTEHUNG

Die ersten Gäste, die nach St. Moritz kamen oder zurückkamen – die hatte wohl niemand erwartet. Es waren Menschen, die kaum noch laufen, kaum noch sprechen konnten: Insassen von Konzentrationslagern, aus Mauthausen und überhaupt aus Österreich, die man durch gute Ernährung und gute Luft retten wollte. Und dann kamen die Amerikaner.

Erinnert man sich noch? Als der Krieg zu Ende war, wurden viele Amerikaner nach Hause geschickt, aber die Mehrzahl blieb in Deutschland oder Österreich, denn damals glaubten viele, die Angelegenheit mit Hitler sei noch nicht zu Ende, es werde zu einem Aufstand der Hitlerjugend kommen. Andere, weitblickendere Männer im alliierten Lager, bemerkten, dass die Russen keinerlei Anstalten trafen, ihre Truppen abzuziehen. Sämtliche westlichen alliierten Truppen, im Wesentlichen die Amerikaner und Engländer, abzuziehen, hätte bedeutet, den Russen Europa zu überlassen. Das Risiko war groß. Darum wurde nur ein Teil der Truppen nach Hause geschickt.

Die amerikanischen Soldaten, die ja im Gegensatz zu den Engländern keine Möglichkeit hatten, schnell einmal auf ein paar Tage in die Heimat zu fahren, langweilten sich. Sie stammten aus Texas, aus Mississippi, aus Missouri, aus den Südstaaten – was ging sie Europa an, was Deutschland oder Österreich? Sie waren unwillig. Man musste sie zerstreuen. Irgendjemand kam auf die Idee, Reisen in die Schweiz zu organisieren. Urlaubsreisen, eine Woche, zwei Wochen.

Der Gedanke entstand übrigens – es ist wichtig, dies festzuhalten – nicht im alliierten Lager, wo man sich später viel darauf zugutehielt, sondern in der Schweiz selbst. Einige tüchtige Fachleute fuhren in das besetzte Deutschland und machten den Vorschlag, der sich für alle als in jedem Sinne profitabel erweisen sollte. Die amerikanischen GIs erschienen in den großen Städten und kauften Uhren, die sie später auf dem schwarzen Markt in Berlin an die Russen weiterverkauften, aber manche drangen auch in die Gebirgsorte vor, und so erschienen eines Tages einige Amerikaner in St. Moritz, und dann kamen viele.

Sie kamen – natürlich – mit der Bahn. Aber es tauchten auch eines Tages Jeeps auf. Und bildeten eine Sensation. Auch nach dem Krieg waren es vorerst vor allem Schweizer, die als Kurgäste nach St. Moritz kamen, obwohl viele, nachdem sie während des Krieges nicht außer Landes hatten können, lieber in fremde Länder reisten – soweit sie sich das erlauben konnten. Erst allmählich und ganz vereinzelt tauchten Engländer auf. 1947 ein paar Italiener, die durften sehr bald wieder reisen, im Gegensatz zu ihren deutschen und österreichischen Verbündeten, sie waren ja nicht besiegt, sie waren ja nur «befreit».

Die Deutschen kamen erst später, nach der Währungsreform – im Winter 1949/50. Dann allerdings kamen sie in erstaunlicher Zahl. Und doch war es gar nicht so erstaunlich, dass sie fortwollten aus ihrer Heimat, in der sie so lange eingesperrt waren, irgendwohin, wo es keine Trümmer gab, wo man nicht hungerte und fror, wo alles so war, wie es immer gewesen war.

Der Mann, der nicht darauf wartete, dass die internationalen Gäste wieder nach St. Moritz kommen würden, sondern beschloss, sie zu holen, war Hans Bon. Es hätte längst von diesem außerordentlichen Mann gesprochen werden müssen, der wie kaum ein anderer das Gesicht des Dorfes in den Vorkriegsjahren bestimmt hatte. Hans Bon, Sohn des Gründers des Suvretta House, sein Nachfolger als dessen Leiter, war der internationale Hotelmann, wie er im Buche steht. Er kannte Gott und die Welt, und Gott und die Welt kannten ihn. Zahlreiche Gäste waren in den Vorkriegsjahren nicht nach St. Moritz gekommen, sondern – zu Hans Bon. Er war ein Repräsentant, er verstand viel von Propaganda und ihrer Notwendigkeit. Was tat er also nach dem Krieg, um St. Moritz möglichst schnell wieder mit Fremden zu bevölkern? Er fuhr so bald als möglich nach London, annoncierte in der *Financial Times* «I am here». Nicht mehr und nicht weniger. Am nächsten Tag ein zweites Inserat «Who is here?». Am dritten Tag, ein Inserat in gleicher Größe und an gleicher Stelle: «Hans Bon».

Ein Hotelier auf der Suche nach seinen alten Gästen. Und sie kamen ins Dorchester Hotel, wo er zuerst wohnte, dann ins Browns Hotel, wohin er nachher übersiedelte.

Einmal lud ihn Lady Churchill ein, ihn und Peter Kasper, und ließ Tee servieren. Hans Bon sagte ihr, das ginge nicht, er trinke keinen Tee. Sie nickte: «I know it, you shall have your Whiskey …»

Später kam auch Winston Churchill selbst dazu – und auch er nahm keinen Tee.

Das Seltsamste während dieser ersten Zeit nach dem Krieg: Die Gäste waren so still und ruhig und glücklich. Es schien, als könnten sie es gar nicht fassen, dass es keinen Fliegeralarm gab, keinen Luftschutzkeller, keinen Hunger, sie waren überaus liebenswürdig und zuvorkommend. Sie drängten sich nicht an den Skiliften, sie brauchten ihre Ellenbogen nicht, sie warteten, bis die Reihe an sie kam, sie waren glücklich, wieder in St. Moritz zu sein. Natürlich ging das nicht von heute auf morgen, es dauerte schon ein Jahr und mehr, bis sich alles einigermaßen eingespielt hatte. Das war auch gut so, denn wer durfte von sich behaupten, dass er einen internationalen Betrieb von heute auf morgen bewältigen konnte? Es gab nicht genug Angestellte, alte und älteste St. Moritzer mussten einspringen.

Hanspeter Tratschin erinnert sich noch, dass seine 70-jährige Mutter, die die Besitzerin des Hotels Calonder war, überall mit anfassen musste, als man sich überlegte, wie man schnell die notwendigsten Reparaturen vornehmen konnte. Aber solche und ähnliche Probleme hatte eigentlich jedes Hotel. Und es darf zum Ruhme der St. Moritzer Hoteliers gesagt werden, dass alle mit Hand anlegten.

Da war ein junger Mann sehr wichtig, Peter Kasper – er wurde bereits erwähnt – der es sich nicht nehmen ließ, irgendetwas in die Zeitungen zu bringen über St. Moritz in jenen toten Jahren, als es eigentlich nichts über St. Moritz zu berichten gab. Er wurde nun Kurdirektor. Er arbeitete dafür, dass die Corvigliabahn und die anderen Bergbahnen auch wieder im Sommer fuhren. Sein Optimismus war unendlich stark. Er lachte nur, wenn die Stadtväter meinten, das alles rentiere sich nicht, und die Pleite würde nur noch größer werden. Sie wiederum lachten über ihn. Aber wer zuletzt lacht …

Die Umschichtung

Mit der Umschichtung hatte es eine besondere Bewandtnis. Sie vollzog sich nicht von einem zum anderen Tag, und sie hatte auch nicht einen ganz bestimmten Grund. Sie hatte viele Gründe.

Da war einmal die ungeheure Reiselust der Völker – ich sage ausdrücklich der Völker, nicht einzelner Persönlichkeiten, die sich während des Krieges entwickelt hatte.

Es dauerte nicht lange, bis geschickte Kaufleute begriffen, dass hier eine neue Konjunktur im Entstehen war.

Es entstand – immer wieder muss betont werden: im Verlaufe der nächsten zehn Jahre – ein Begriff, den es vorher gar nicht gegeben hatte, der Massentourismus. So kamen

Gäste nach St. Moritz – und nicht nur nach St. Moritz –, deren Frauen keineswegs 20 oder 25 Abendkleider im Koffer hatten. Einmal, weil ein so großer Koffer in ihren kleinen Autos gar keinen Platz gefunden hätte. Und dann: wozu 20 Abendkleider, wenn man nur drei oder vier Tage bleiben wollte?

Damit verlor St. Moritz etwas, dessen es sich jahrelang hatte rühmen können: Ruhe. Von Ruhe war keine Rede mehr. An Stelle der Ruhe trat der Betrieb. Die Gäste wollten ja auch dorthin, wo etwas «los» war.

Aber selbst die Gäste der exklusiven Hotels waren anders geworden. Sie hatten sich verjüngt. Sie wollten sich nicht erholen, sie wollten nicht beschaulich leben, sie wollten irgendetwas tun! Ein Abend, an dem es kein Fest, keine Party – der Name kam damals wieder auf – stattfand, war eigentlich verloren.

Es wurde auch wieder gespielt – freilich nur von Gästen in ihren Privatappartements, weder die Hotels noch gar die Behörden hatten damit zu tun. Das war Privatangelegenheit der Spielenden.

Peter Kasper, der es wissen müsste, der den inneren Betrieb von St. Moritz sehr genau kennt, erzählt die amüsante Geschichte eines deutschen Kellners, der nach dem Zweiten Weltkrieg in Zürich arbeitete und, bevor er nach Deutschland zurückkehrte, sich noch etwas umsehen wollte. Er opferte alles, was er in einem Jahr erspart hatte – 300 Franken – um sich St. Moritz anzusehen. Er kam also, und es war sein Pech – oder vielleicht sein Glück –, dass er gerade zwischen den Saisons anlandete. Er logierte sich in der Villa Suvretta ein und rechnete sich aus, dass sein Geld für einige Tage Halbpension reichen würde.

Aber schon am ersten Abend geriet er irgendwie in einen Spielklub, spielte bis morgens um vier und hatte 45.000 Franken gewonnen. Er wäre wohl am liebsten abgefahren, aber man bedeutete ihm, dies sei schlechter Stil, er müsse Revanche geben. Er gab sie am nächsten Nachmittag und verlor innerhalb von zwei Stunden alles, was er gewonnen hatte, spielte aber weiter und hatte am nächsten Morgen 100.000 Franken in der Tasche. Nun durfte niemand mehr von Revanche reden. Er eilte zum Bahnhof, nahm den ersten Zug, der abfuhr, und landete in Frankfurt am Main. Mit den 100.000 Franken kaufte er sich ein Restaurant, das er heute noch besitzt. Er hat nie wieder eine Spielkarte angerührt.

Natürlich kamen auch alte Gäste, oder sagen wir, Gäste, die schon früher da gewesen waren. Fritz von Opel erschien gelegentlich in seiner Villa, der Filmregisseur Richard Eichberg ließ sich sehen, auch Marlene Dietrich, wenn sie gerade einmal in Europa war, sogar der Herzog von Windsor und Gattin, Heinrich Thyssen, der seine Flitterwochen mit seiner schönen Frau Fiona in St. Moritz verlebte.

Es war nicht mehr das alte, es war ein neues St. Moritz, aber ein faszinierendes St. Moritz.

Zu Beginn des Jahres 1947wurden die sogenannten vorolympischen Spiele abgehalten.

Es gab einen guten Grund für diese vorolympischen Spiele. Seit 1939 hatten keine internationalen Wettkämpfe mehr stattgefunden, und alle Beteiligten fanden es wünschenswert, dass man sich erst einmal treffen würde, ohne dass es dabei ums Ganze ging. Es standen sich ja viele Sportler gegenüber, die noch kurz zuvor mit tödlicheren Waffen gekämpft hatten. Weiterhin war es gut, wenn sie sich vor den Olympischen Spielen mit dem Gelände vertraut machten.

Übrigens kostete die Veranstaltung St. Moritz nicht viel. Die Delegationen der einzelnen Länder kamen für die Unkosten auf. Es gab einigen Ärger. Insbesondere waren es die Norweger, die außer Rand und Band gerieten und zum Kurverein eilten, um zu erklären, sie würden sogleich abreisen, denn überall hinge die schwedische Flagge, die norwegische indessen sei kaum zu sehen.

Das verwunderte Peter Kasper, um diese Zeit bereits Kurdirektor, so sehr, dass er Abhilfe versprach und sich mit der Delegation der Norweger auf die Straße begab. Die Norweger mussten dann allerdings feststellen, dass es sich nicht um die schwedische Flagge handelte, sondern um die von St. Moritz, die nicht nur die genau gleichen Farben enthält, nämlich Gelb/Blau, sondern auch dasselbe Kreuz aufweist.

Die Norweger reisten nicht ab.

Das war ein kleiner Zwischenfall. Die Ankunft der Barbara Hutton war eine Sensation. Sie war um diese Zeit eine der berühmtesten Frauen der Welt. Sie war nicht mehr jung, nicht mehr schön, sie war ständig krank, nervös, reizbar, launisch und ließ sich so oft scheiden, dass man sich fragte, wann sie eigentlich die Zeit fand, zwischen den Scheidungen zu heiraten, was ja notwendig war, um die folgende Scheidung zu ermöglichen.

In St. Moritz traf sie in Begleitung eines gut aussehenden jungen Mannes, des Grafen Igor Troubetzkoy ein. Und bald darauf behaupteten einige amerikanische und europäische Zeitungen, der Prinz, der übrigens nie in seinem Leben eine Stunde gearbeitet hatte, würde ihr nächster Mann sein. Sie regte sich furchtbar auf und verlangte Dementis. Zwei amerikanische Journalisten wurden ins Palace gebeten, dazu der St. Moritzer Journalist Albert von Planta.

Sie beklagte sich, wie man mit ihr umspringe. Und behauptete, dass an den ganzen Heiratsgerüchten kein wahres Wort sei. Der Prinz war während der ganzen Konferenz anwesend. Schließlich erklärte Barbara Hutton zum Erstaunen aller, möglicherweise auch des Prinzen, ja, sie werde ihn vermutlich heiraten. Und sie drang darauf, dass an

Ort und Stelle ein Communiqué für die Weltpresse verfasst wurde.

Die Heirat fand denn auch statt, und zwar am 1. März im nicht fernen Chur. Die Dauer der Ehe war selbst für Zeitmaße einer Barbara Hutton erstaunlich kurz.

Etwa um die gleiche Zeit, als Barbara Hutton in St. Moritz auftauchte, erschien dort eine Dame, die sich, im Gegensatz zu der Woolworth-Erbin, ihr Leben selbst verdienen musste und es auch tat: Greta Keller.

Greta Keller ... Man muss wohl kaum erzählen, um wen es sich handelte. Sie war um diese Zeit bereits eine kleine Weltberühmtheit. Sagen wir besser: Sie war eine Weltberühmtheit der kleinen Kunstform.

Ursprünglich hatte sie – gebürtige Wienerin – Schauspielerin werden wollen, wohl auch mit Gesang und Tanz geflirtet, aber als irgendjemand sie ein Chanson vortragen hörte – irgendjemand, der etwas verstand und etwas zu sagen hatte –, gab es kein Halten mehr.

Wenn man Greta Keller hörte, ist es eigentlich die einfachste Sache der Welt, ihren Erfolg – einen fast beispiellosen Welterfolg – zu erklären.

Dass sie nach St. Moritz kam, hing vielleicht auch damit zusammen, dass Greta einmal, ganz kurz vor Kriegsbeginn, bereits einen Galaabend mit Teddy Stauffer im Embassy, dem Nachtlokal des Palace, gegeben hatte. Damals fragte Helene Badrutt sie, wann sie wiederkäme.

«Nächstes Jahr!»

Aber im nächsten Jahr war Krieg. Und so wurde es 1947, bis sie wiederkommen konnte. Sie machte ein Lokal auf im Hotel Caspar Badrutt und nannte es «Chez Greta». Vier Jahre lang sang sie dort mit wachsendem Erfolg. Die Gäste von St. Moritz, ja, die St. Moritzer selbst hatten das Gefühl, Greta gehöre eigentlich nirgends anders hin als nach St. Moritz.

Auch Helene Badrutt war dieser Meinung, aber sie fand, Greta gehöre vor allem ihr, ins Palace oder in die Dependance, in die Chesa Veglia, das Lokal, das sie besonders ins Herz geschlossen hatte.

Olympische Spiele 1948

Sicher war es kein Zufall, dass die ersten Olympischen Winterspiele nach dem Zweiten Weltkrieg in St. Moritz stattfanden. Dies war ja schließlich in jedem Sinne «neutraler Boden».

Es gab von Anfang an Unannehmlichkeiten. Wer wurde zugelassen, wer nicht? Durfte Österreich mitmachen? Japan? Nein. Russland? Natürlich, die Sowjetunion gehörte ja zu den Siegern, kam aber auf eigenen Wunsch nur als Beobachter. Aber dort war man sich selbst nicht im Klaren, ob man wollte oder nicht.

Dann machten auch die Amerikaner Schwierigkeiten. Dort gab es nämlich – und gibt es noch – zwei Sportverbände, die American Amateur Association, AAA genannt, und die American Amateur Union, AAU genannt. Beide wollten kommen, und beide kamen. Welche der beiden Eishockeymannschaften würde zugelassen werden? Welche nicht?

Hier passierte dem Organisationskomitee ein Missgeschick, genauer genommen seinem Leiter Carl Nater ... Er war schon seit 20 Jahren Gemeindepräsident von St. Moritz. Ursprünglich war er im Bankwesen tätig, und ihm war es vielleicht vor allem zu verdanken, dass St. Moritz die krisenhaften Zwanzigerjahre überstand. Ein ungemein aktiver Mann. Als Gemeindepräsident war er automatisch der General-Kommissär der Olympischen Spiele und musste die schwierige Frage AAA oder AAU entscheiden. Das war ein wenig zu viel von ihm verlangt. Was wusste er, was konnte er wissen von internationalen Intrigen, was von dem, was in Amerika hinter den Kulissen vorging? Wie konnte er ahnen, dass eine AAA kein Recht hatte, mitzuspielen, weil sie aus Profis bestand? Nater jedenfalls setzte auf die falsche Karte, nämlich auf die AAA. Die Unterhaltungen über das Thema, welche Amerikaner starten sollten, waren sehr erregt; es waren bald keine Unterhaltungen mehr, und der greise Schwede Siegfried Edström, damals Präsident des Internationalen Olympischen Komitees, schlug immerfort mit seinem Spazierstock auf den Tisch.

Noch als man vom Gemeindehaus zum Eishockeyfeld ging – die Eishockeyspiele waren die ersten auf dem Programm –, erwartete man einen unangenehmen Skandal. Er brach nicht aus. Das Internationale Olympische Komitee gab nach.

Es war ein Glück, dass keine der amerikanischen Mannschaften unter den ersten dreien landeten, wodurch das Ganze ohne Konsequenzen blieb. Die kanadischen Spieler siegten vor den Tschechoslowaken und den Schweizern. Tant de bruit!

Es gab noch andere Schwierigkeiten, und einige waren eher komisch. Zum Beispiel sollte gleich nach der Eröffnung der Spiele ein Bankett stattfinden. Gastgeber: die Eidgenossenschaft. Aber wie die Sitzordnung gestalten? Der Chef des Protokolls war Tage vorher nach St. Moritz gekommen, um sich mit diesem wahrhaft bedeutsamen Problem herumzuschlagen. Wer durfte neben dem Bundesrat sitzen? Die politischen Vertreter der Nationen? Die militärischen Vertreter? Oder die olympischen Vertreter? Die Mitglieder des Olympischen Komitees jedes Landes erklärten, ihnen gebühre der Vorrang, sie seien schließlich die Repräsentanten des Sports, und damit hatten sie auch ganz recht. Die Politiker meinten, es gehe doch wohl nicht an, dass Minister hinter den Vertretern des Sports kämen! Die militärischen

Vertreter, die immerhin vor wenigen Jahren noch die entscheidenden Rollen gespielt hatten, meinten, sie seien wichtiger als alle anderen.

Es war nicht der Gemeinderat von St. Moritz, es war nicht der Chef des Protokolls, es war Hans Badrutt, der den gordischen Knoten durchschnitt. Er dekretierte: «Es gibt überhaupt keine Tischordnung, es gibt kein Dinner, es gibt ein kaltes Buffet, jeder kann sich bedienen, und jeder kann sich dorthin setzen, wo er Platz findet!»

Das Ei des Kolumbus!

Auch Könige sterben

Im Juni 1950 starb Hans Bon, Mitinhaber und Leiter des Suvretta House, der außerdem wichtige Ämter verwaltete. Sein Tod kam nicht unerwartet. Er war lange krank. Eine Zeit lang schien es, er würde sich wieder erholen, ja, im Verlaufe des Winters, in den ersten Monaten des Jahres 1950 erschien er sogar wieder in seinem Büro im Suvretta House, und alte Gäste konnten ihn vor dem Lunch oder vor dem Dinner begrüßen. Dann erlitt er einen Rückfall – die Ärzte wussten schon lange, dass es sehr bald zu Ende gehen würde –, er wurde ins Kreisspital nach Samedan gebracht. Er war 67 Jahre alt, als der Tod ihn ereilte.

Knapp zwei Jahre später hielt Albert Candrian, ein Verwandter der Familie Bon, seinen Einzug als Direktor im Suvretta House, ein gewiefter Hotelier, der bereits in München das Hotel Vier Jahreszeiten und in London das exklusive Browns Hotel geleitet hatte.

Und wieder ein paar Monate später, am 6. Februar 1953, starb Hans Badrutt. Woran er starb? Ohne Zweifel an Überarbeitung, wie schon sein Großvater, ohne Zweifel daran, dass er niemals auf sich selbst, sondern nur auf sein Hotel Rücksicht nahm.

In St. Moritz brach Landestrauer aus. Man konnte sich den Ort einfach nicht ohne ihn vorstellen. Alles, was in den letzten Jahrzehnten mit St. Moritz zu tun hatte, war mit ihm verbunden, von ihm geleitet oder doch wenigstens angeregt worden. Obwohl er einen sehr gescheiten Sohn, Andrea, und einen allerdings noch sehr jungen Sohn aus zweiter Ehe namens Hansjürg, nicht zu reden von seiner Frau Helene, hinterließ, fragte man überall in St. Moritz, wie es nun weitergehen solle. Badrutt war eben nicht nur der Besitzer des Palace gewesen, er war der ungekrönte König von St. Moritz.

Aber der Betrieb ging weiter. Das Palace brach nicht zusammen, nicht zuletzt infolge der außerordentlichen Fähigkeiten der Witwe von Hans Badrutt.

Alles ging weiter – und doch änderte sich vieles. Da waren einmal die neuen Speisegewohnheiten der prominenten Gäste. Wir erinnern uns vielleicht noch: Früher gab es eine table d'hôte, natürlich zu festgesetzten Zeiten, dann aß man an einzelnen Tischen. Dann – und dies kam in den Fünfzigerjahren auf – verschmähten es Leute, die sich für vornehm hielten, den Speisesaal überhaupt zu betreten. Sie mussten natürlich die Pension bezahlen und taten es auch. Aber sie aßen im Grill-Room – zum Beispiel des Palace. Sie bekamen zwar irgendeine nominelle Summe ersetzt dafür, dass sie das ihnen zustehende Menü nicht verschlangen, doch diese Summe stand in keinem Verhältnis zu dem, was sie nunmehr allabendlich ausgaben.

Aber was bedeuteten schon Ausgaben? Im Jahr 1953/54 wurde die Seilbahn zum Piz Nair gebaut. Kostenpunkt 2,8 Millionen. Stavros Niarchos, Lionel Guineess waren mit je einer halben Million beteiligt; übrigens stammte die Idee von Hans und dem noch jungen Andrea Badrutt.

Die Leute aßen nicht nur das nicht, wofür sie bezahlt hatten, sie aßen zu abenteuerlichen Zeiten. In St. Moritz begannen die Uhren, anders zu gehen als anderswo. Man stand sehr spät auf, um elf oder zwölf. Man aß seinen Lunch entsprechend spät. Man trieb Sport und kam gerade um sieben oder halb acht zum Cocktail recht. Dann legte man sich hin. Keiner, der auf sich hielt – und vor allen Dingen keine –, nahm das Dinner vor neun oder halb zehn ein.

Die leitenden Männer der St. Moritzer Hotels standen vor einem Rätsel. Wie kam das? Viele glaubten und glauben noch, es handle sich um den Einfluss der Spanier, die ja sehr spät essen.

Jedenfalls darf heute keiner vor zehneinhalb bis elf Uhr vom Tisch aufstehen. Keiner im Palace, der etwas auf sich hält.

WIE WIRD ST. MORITZ GEMACHT?

St. Moritz ... man spricht den Namen fast gedankenlos aus, als handle es sich um etwas Selbstverständliches. Dabei ist es nicht so selbstverständlich, dass ein Kurort über so viele Jahre seinen Ruf bewahrt, ja verstärkt hat. Die Zeiten haben sich geändert – wer mitreden will, muss sich ändern. Der Mann, der das sehr schnell erfasst hatte, gleich nach dem Krieg, ist der bereits mehrfach erwähnte Peter Kasper, Sohn eines Försters und Bergführer aus Pontresina.

Kurdirektor ... das ist ein Titel. Das ist ein wichtiges Amt oder ein unwichtiges Amt, einer, den niemand kennt, einer, den alle kennen. Es kommt ganz darauf an, wer dieses Amt ausübt. Peter Kasper kennt jeder in St. Moritz, Kasper kennen viele, die einmal in St. Moritz gewesen sind oder auch nur Reisen nach St. Moritz vermitteln.

Ich spreche hier so ausführlich von Kasper, weil ich durch ihn etwas begriff: Ein Kurort bleibt nicht automatisch in Mode, er wird gemacht, er muss immer wieder gemacht werden, jedes Jahr, ich möchte beinahe sagen, jedes halbe Jahr von Neuem. Sonst wird er überflügelt, sonst gerät er in Vergessenheit, sonst wird er unmodern.

St. Moritz ist ungeheuer konservativ. Nur wenige Familien billigen wenigen Familien zu, sich als alteingesessene Familien zu betrachten. Zum Beispiel werden die Badrutts nicht als «alteingesessene Familie» angesehen. Das ist auch verständlich, wenn man bedenkt, dass der erste Badrutt erst vor rund 100 Jahren nach St. Moritz kam und dazu noch von weit her – nämlich von Samedan, also immerhin ein paar Kilometer weit.

Nur so ist es zu erklären, dass St. Moritz, das einen so großen Namen besitzt, in Wirklichkeit ein sehr, sehr kleines Dorf ist. Unter klein verstehe ich, dass es wenig Einwohner, ständige Einwohner, hat. Um die Jahrhundertwende waren es 1000, 1930 waren es 3968, 1938 rund 4000. Während des Zweiten Weltkrieges wanderten dann viele fort, das heißt, sie mussten weg.

1950 waren es wieder 2558 und 1960 3598, 1965 dann 3976.

Von diesen Einwohnern haben nur 205 Personen das Bürgerrecht. Nein, auch das ist schon zu viel gesagt. Es haben insgesamt 205 Personen zwar das St. Moritzer Bürgerrecht – aber einige davon wohnen gar nicht in St. Moritz.

Das sind wirklich sehr niedrige Zahlen, verglichen mit denen der Angestellten, die jährlich nach St. Moritz kommen. Man zählte am Silvestertag 1965: 4000 Einwohner, 3500 Hotelangestellte, 1000 Saisonangestellte. Hinzu kommen 6500 Hotelbetten und 5000 Betten in Pensionen, Privathäusern und Villen.

Die Zahl der Menschen, die also in St. Moritz leben, steigt von Anfang Dezember von 4000 bis zu 20 000 oder 21 000 am 31. Dezember. Diese Zahlen sind übrigens nicht allzu verlässlich und können es auch gar nicht sein. Dass Gäste kommen und gehen, ist weiter nicht erstaunlich. Erstaunlicher oder fast einmalig ist, dass die Bevölkerung kommt und geht. Sie kommt, wenn für sie Arbeit da ist, sie geht, wenn keine Arbeit für sie da ist.

In gewissem Sinne ist also auch das «wirkliche» St. Moritz einem Hotel nicht unähnlich. In diesem Punkt unterscheidet es sich von fast allen Orten der Welt.

Eines muss man den Alteingesessenen lassen: Sie klammern sich zwar an das Alte, aber sie wissen, dass sie mit der Zeit gehen müssen. Es gibt in St. Moritz nur sehr wenige Menschen, die nicht mit dem Fremdenverkehr in irgendeiner Weise zu tun haben.

Sprechen wir gar nicht von den Badrutts. Sprechen wir indessen von der Familie Gartmann, der Leiter der Chesa Veglia, im Privatberuf Bürgermeister. Sprechen wir von Dr. Peter R. Berry, dessen Vater – Peter R. Berry, ein berühmter Arzt und Maler –, der ebenfalls Arzt und Maler ist. Oder nehmen wir Max Robbi, einen der Söhne des St. Moritzer Chronisten, Leiter der St. Moritzer Skischule, im Sommer Bergführer.

Erwähnung verdient auch Albert von Planta, ein geborener St. Moritzer, der auch in der schweren Zeit in seinem Heimatort blieb, obwohl er – das war in den Dreißigerjahren – lange Zeit keine Stellung hatte. Heute ist er Redakteur der «Engadiner Post». Das ist eine sehr merkwürdige Zeitung. Sie hat eine Auflage, die uns lächerlich dünkt, 1500, und das nur dreimal die Woche – und doch ist sie ein gutes Geschäft, der Inserate wegen. Denn wer in St. Moritz inserieren will, muss es in der «Engadiner Post» tun. Gleichgültig, ob es sich um Hotels, Konditoreien oder Firmen im sogenannten Unterland handelt.

Albert von Planta teilt übrigens das Schicksal vieler alter St. Moritzer: Er hat nicht einen Beruf, er hat zahlreiche. Er ist nicht nur Redakteur einer Zeitung, er ist auch Mitglied des bündnerischen Großen Rats, er ist Präsident des Elektrizitätswerkes.

Ironie des Schicksals: Da die alten St. Moritzer unbedingt unter sich bleiben wollen, muss jeder von ihnen die Arbeit von drei oder vier leisten. Es ist sicher kein Zufall, dass in diesem gesündesten Klima der Welt die Prominenten so relativ jung sterben …

Das Steffani

Ein Wahrzeichen des alten St. Moritz oder des St. Moritz, das bewusst so bleiben will, wie es früher war, ist das Steffani, in jeder Beziehung ein besonderes Hotel. Es wurde von Lorenz Steffani und seiner Frau Maria Cortesi gegründet, aber Lorenz Steffani starb mit 34 und seine Frau schon mit 24 im Kindbett. Der Gründer war Lehrer und nur nebenbei Hotelier gewesen. Der Sohn Paganino Steffani und seine Frau Anna, eine geborene Stoppani, ihre Mutter war eine Schwester von Dr. Peter R. Berry sen., des erwähnten Arztes, waren hauptberuflich Hoteliers. Paganino Steffani war übrigens ein weit gereister Mann und ehemals auch Gemeindepräsident von St. Moritz. Sie besaßen Geld, denn Anna Steffani war ein sehr reiches Mädchen gewesen. Sie hatten zahlreiche Grundstücke, es gehörte damals eine Dependance zum Hotel, außerdem Stallungen, die aber an der unteren Badstraße lagen.

Der Ehe entspross eine Tochter, Silvia, und alles schien zum Besten zu gehen, bis der Erste Weltkrieg ausbrach. Der wurde für die Familie zur Katastrophe, weil Paganino Steffani viele Bürgschaften gegeben hatte und sein ganzes Vermögen verlor. Das Hotel übernahm sein Schwiegersohn, Otto Cloetta, der die Tochter Silvia im Mai 1910 geheiratet hatte.

Die Übernahme des Hotels erfolgte 1919. Die Ehe dauerte bis zum Jahre 1928 – dann trennten sich die Eheleute, und Otto Cloetta verkaufte das Hotel an Walter Märky.

Um diese Zeit hatte das Steffani längst sein eigenes Gesicht. Es war sowohl ein Fremdenhotel als ein Hotel für die Einheimischen. Es gibt feste Stammtische, der Turnverein verkehrt dort, der Gesangverein, der dramatische Verein. Das Steffani wurde mehr und mehr zum Treffpunkt der Einheimischen.

Was nicht besagen soll, dass man nicht Wert auf Gäste legte, die sozusagen bald auch zur Familie gehörten. Sie aßen table d'hôte – die Tischzeit war festgelegt von halb eins bis halb zwei, die Platten wurden von den Saaltöchtern gereicht – Kellner gab es im Steffani nicht –, Frühstück war von neun bis halb elf Uhr. Das Abendessen fand zwischen sieben und acht Uhr statt. Zu anderen Zeiten gab es selbst für die besten Pensionäre im Steffani nichts zu essen.

Das war sehr angenehm für das Personal. Auch das gehörte irgendwie zur Familie. Damals gab es noch keine Freizeit und Zimmerstunden. Dafür ließ Silvia Cloetta die Leute, eine Woche bevor die Saison begann, kommen, und in dieser Woche waren sie Gäste des Hotels, konnten Ausflüge machen, und das Gleiche wiederholte sich nach Beendigung der Saison. Erst später kam der sogenannte «soziale Fortschritt», kamen die Gewerkschaften, die darauf drangen, dass das Personal Freizeit während der Saison erhielt, obwohl das Personal gar keinen Wert darauf legte.

Unfallarzt

Man kann nicht von dem guten alten St. Moritz sprechen, ohne …

Aber vielleicht ist es besser, anders zu beginnen. Also: Der Wintersport wächst ständig, wächst, wächst. Wenn man sich heute den St. Moritzer Wintersportbetrieb ansieht und bedenkt, dass das noch vor rund 100 Jahren nicht existierte und dass kein normaler Mensch dergleichen je für möglich gehalten hätte, muss man wirklich den Kopf schütteln.

Wenn der Wintersport wächst, wächst ganz automatisch die Zahl der Unfälle. Denn Knochenbrüche sind bei rasanten Abfahrten nun einmal nicht zu vermeiden.

Davon kann Dr. Paul Gut ein Lied singen, der als der prominenteste Unfallarzt, nicht nur von St. Moritz, sondern der weiteren Umgebung gilt – und damit ist noch annähernd nicht alles über ihn gesagt, was gesagt werden müsste. Denn er ist ein einmaliger «Fall».

Mitten im Winter geht er durch die Straßen – wenn er überhaupt Zeit hat – im weißen Ärztekittel, ohne Überzieher, ohne Hut und Strümpfe. Die anderen bezeichnen ihn natürlich als ein Original! Weil er eben vernünftig ist.

In Zürich studierte Paul Gut Medizin bei dem berühmten Professor Paul Clairmont. Nächste Station Wien, wo er bei Professor Böhler landete. Danach wurde er Assistent bei dem berühmten Dr. Ernst Ruppanner in Sameda. Das war eine große Kapazität – aber da gab es eine Frage, wo die beiden sich nicht verstanden. Ruppanner war immer für die Operation von Frakturen, Gut wollte sie, wenn möglich, vermeiden. Jedenfalls ging Gut nach St. Moritz und machte eine «Konkurrenz» auf. Ironie des Schicksals: Im Jahre 1929 praktizierte er in einem Haus, wo es unten eine Metzgerei gab, und in St. Moritz kursierte bald das Wort: Unten ein Metzger und oben ein Metzger! Aber noch eine Redensart kursierte: Er mache aus Gips Gold.

Peter Kasper war es, der dieser etwas bösartigen Formulierung ein Ende bereitete, indem er in den Zeitungen verlauten ließ, Gut stehe auf der Warteliste für den Nobelpreis für Chemie. Grund: Er mache aus Gips Gold. Gut: «Wir kaufen eben den Gips en gros und verkaufen ihn en détail. Vom Zwischenverdienst leben wir recht gut.»

Mit dem Gold ist das so eine Sache. Reiche Leute bekommen bei ihm ziemlich nahrhafte Rechnungen, Arme bekommen überhaupt keine, aber es geht ihm trotzdem nicht schlecht, oder wie er es formuliert: «Es geht mir noch besser, als ich heiße.»

Obwohl ihn die Geschichte mit Gips und Gold amüsiert, macht er sich im Allgemeinen nichts aus Ehrungen. Das kann er schon deshalb nicht, weil er über alles seine festen und unumstößlichen Ansichten hat.

Seine treffenden Aussprüche sind berühmt, nicht zuletzt, weil sie auch etwas bissig sind. Mich persönlich erinnern sie, obwohl sicher schweizerisch, an den Wiener Nestroy. Etwa: «Liebe deinen Nächsten, solange er lebt! Schöne Grabsteinsprüche helfen ihm nachher nicht mehr.»

An die Leser seines Buches «Unfallhilfe und Hygiene im Alpinismus und Wintersport»: «Und nun, mein lieber Leser, nimm nicht einfach Kenntnis von unseren Formulierungen, sondern praktiziere sie selbst. Unser Rat ist gut, denselben befolgen besser. An die Arbeit! … Enttäusche mich nicht, indem du etwa dem dummen Spruch folgst: Vergeblich predigt Salomo, die Leute machen's doch nicht so.»

Oder: «Der Übelstand des Wohlstandes ist, dass der Wohlständer körperlich und geistig und moralisch einschläft, gedankenlos im Hundertkiloverein Ehrenmitglied und ein übersättigter Langweiler wird, im historischen Bereich eine leichte Beute nicht vollgefressener Völker mit mehr Antriebskraft und Durchschlagskraft. Wohlstand ist gesund und löblich, der Wohlstandshügel jedoch ist ebenso schädlich wie hässlich. In unserem Bereich stört uns die Beobachtung, dass es bei manchem Homo sapiens modernus körperlich ebenso steil abwärtsgeht, wie es geistig aufwärtsgehen könnte, wenn der Körper, in dem wir wohnen, nicht bereits halb kaputt wäre. Schade um die große Berufserfahrung und die in vielen Jahrzehnten gewonnene Lebensweisheit, die nun passiv im Lehnstuhl oder im Krankenbett liegen. Nichts ist schwerer zu ertragen als eine Reihe von guten Jahren. Recht viele von uns macht nicht intensive Lebensleistung früh alt, sondern falscher Lebensgenuss.»

Seine Klinik ist nach den modernsten Prinzipien ausgestattet. Sie verfügt sogar über einen eigenen Helikopter-Flugplatz.

Über Dr. Gut gibt es Hunderte von Anekdoten. Die meisten stimmen sogar. So ist es fast unmöglich, ihn ans Telefon zu bekommen, er lässt sich nur von Ärzten sprechen oder von Kurdirektor Kasper, der «mich nie missbraucht!». Es gibt eigentlich nichts, worüber er nicht ausgesprochene Ansichten hat und äußert. Die meisten erweisen sich sogar als richtig. Auch über das, was ich über ihn schrieb: «Aus dem, was Curt Riess über mich erfahren hat, hat er ein Dorforiginal und einen Philosophen skizziert. Leider bin ich beides nicht, sondern nur ein Normalbürger, welcher seine St. Moritzer Ehrenbürgerurkunde dort aufgehängt hat, wo sie ihn täglich freut, und welcher froh ist, wenn er seine Steuern termingerecht abgeliefert hat, mit Sonnenuntergang liegen geht, um mit der Sonne wieder aufzustehen.»

Vermutlich hat Dr. Gut recht. Aber er wäre wohl der Erste, der zugeben würde, er habe sich geirrt, wenn er sich irrt.

Ein seltsamer Club

Eine Folge der 1926 erbauten, beziehungsweise eröffneten Corviglia-Bahn war, dass der Corviglia-Club entstand, den man wirklich als eine Art von Mysterium von St. Moritz betrachten kann. Er ist formell gesehen ein Sportclub, ein Club von Skifahrern und engagiert meist einheimische Skilehrer. Er hat ein Clubhaus errichtet, gleich neben der Corviglia-Bergstation auf 1488 Metern Höhe. Dort kann man zu Mittag essen und in der Sonne liegen.

Man – und hier liegt der Haken: Wer ist Mitglied des Corviglia-Clubs? Wer kann es werden? Niemand, der dem Club nicht angehört, weiß etwas Genaues darüber, jedenfalls will niemand etwas Bestimmtes dazu äußern. Das bestgehütete Geheimnis des Clubs, dass er das ist, wofür er sich ausgibt, nämlich ein Ski-Club. Nur verhältnismäßig wenige Mitglieder fahren Ski. Dafür sind sie alle zur Stelle, wenn die berühmten Midnightpartys vonstattengehen. Dazu braucht man nur eine gute Garderobe und Geld – und den Willen und die Fähigkeit, sich zu amüsieren.

Der Corviglia-Club nennt sich der exklusivste Club der Welt, weil es so schwer ist, hineinzukommen. Ob es eine Ehre ist, Mitglied zu sein, oder ein Vergnügen, bleibt eine offene Frage.

Ein gewöhnlicher Sterblicher kann nicht Mitglied werden. Ich erkundigte mich bei jemandem, der es wissen muss – er gehört dem sogenannten Committee an, das über die Aufnahme entscheidet –, und der sagte mir glatt: «Nein, Sie würden nicht aufgenommen werden.»

Das schmerzt natürlich, aber sicher hat es den Exkönig Farouk noch mehr geschmerzt, dass er nicht aufgenommen wurde.

Wer also wird aufgenommen? Man muss einen relativ lächerlichen Betrag zahlen – wenn man auch nur vorübergehend aufgenommen wird –, pro Saison 300 Franken, für 14 Tage 100 Franken, für die Woche sogar nur 60 Franken. Man muss Geld haben, man muss einen Namen haben – was nicht unbedingt bedeutet, dass man in seinem Leben je irgendetwas Vernünftiges getan hat.

Es gibt also ein sogenanntes Committee, das entscheidet, ob man Mitglied werden darf oder nicht. Es gibt ein Honorary Secretary, das ist der Prinz Constantin von und zu Liechtenstein. Es gibt einen Sekretär, einen gewissen Baron Erwein Geçmen-Waldek, von dem man in seinem heimatlichen Wien behauptet, dass diese Tätigkeit die einzige ist, die er je ausgeübt hat. Es gibt sogenannte Gründungsmitglieder und Mitglieder auf Lebenszeit. Es überwiegt der Adel, die Industrie, der Geldadel. Auf den ersten Blick ist nicht zu übersehen, welche Nationalität überwiegt, denn in der Mitgliederliste werden alle entweder als Mr oder Mrs aufgeführt.

Da es sich um einen Sportclub handelt, dachte ich, es sei doch ein sportliches Unterfangen, auch gegen den Willen der Herrschaften in den Club zu gelangen – und in der Tat, es gelang mir. Ich kann diejenigen nicht preisgeben, die mir dabei, des Juxes halber natürlich, behilflich waren. Ich kann nur sagen, dass ich selten einen langweiligeren Tag verbrachte als den in dem exklusivsten Club der Welt.

Aber eine Beschreibung von St. Moritz ohne die Erwähnung dieses Clubs, den ich als den Club der exklusivsten Nichtstuer bezeichnen möchte, wäre wohl kaum komplett.

VORHANG AUF – VORHANG ZU

Es ist seltsam, St. Moritz in den Zwischensaisons zu betrachten. Viele Hotels sind leer, die Straßen sind leer, fast alle Gasthöfe sind geschlossen. Und dann, relativ langsam, stellen sich die Angestellten der Hotels ein, die Concierges, die Kellner; es wird noch einmal geputzt, es wird noch einmal alles instand gesetzt, die ersten Gäste sind schon avisiert, sie kommen, sie wollen telefonieren, innerhalb von drei Tagen ist ein Hotel gefüllt, ist ein Ort, eben noch eine ghost city, zum Leben erwacht.

Die Vorstellung hat begonnen.

Wenn man dann durch St. Moritz bummelt oder durch die Hotels, glaubt man, in einem ganz anderen Ort zu sein. Betrieb. Die Geschäfte sind geöffnet, man bekommt keinen Platz beim Hanselmann, man muss geduldig warten, bis der Concierge Zeit hat, eine Frage zu beantworten. In der Halle präludiert der Klavierspieler, in der Bar ist die Jazzband am Werk. Die Kellner eilen vorbei ... bringen Cocktails ...Aperitifs ... bald wird der Speisesaal geöffnet ... der Grill-Room ...

Und das geht ein paar Wochen so oder vielleicht auch ein paar Monate, und dann, wie mit einem Zauberschlag, ist alles vorbei. Die Hotels entleeren sich wie nach einem geheimen Befehl, die Gäste sind abgereist, die Hotelangestellten reisen ab, St. Moritz ist einmal mehr ein kleines, menschenleeres Dorf.

Es ist, als hätte sich ein Vorhang gesenkt. Unlängst war ich während einiger solcher letzten Tage in St. Moritz. Ich sah, wie die Zimmer sich leerten, ich sah, wie einzelne Räume, dann einzelne Etagen abgeschlossen wurden, nicht ohne vorher geputzt zu werden. Ich sah, wie sich der Speisesaal schloss;

die wenigen, die noch geblieben waren, saßen im Grill-Room, und die Speisekarte wurde immer kleiner. Da war kein Klavierspieler mehr, keine Jazzband.

Eines Tages wurde mir von Andrea Badrutt ein Schlüssel in die Hand gedrückt, mit der Mitteilung, der Haupteingang zum Palace sei jetzt geschlossen, der Portier sei fortgefahren, ich könne aber durch den Nebeneingang herein, und dazu sei der Schlüssel da. Ich kam eines Abends nach dem Essen in die Halle und erkannte sie kaum wieder. Die Teppiche waren fort, die Wandbehänge, die Bilder, ein großer Teil der Beleuchtungskörper.

Ich glaubte mich in einem Geisterschloss.

Zufällig lief mir der Maître d'hôtel über den Weg, nicht mehr im Frack, sondern schon in Zivil. Ja, auch er reise, in einer Stunde fahre sein Zug. Er werde auf die Jagd fahren, jawohl, er besitzt eine eigene Jagd, er ist vermutlich wohlhabender als die meisten, die er während der Saison mit so viel Aufmerksamkeit und Geschick bedient.

Jetzt war er nicht mehr Kellner. Der Barmixer, der sich zu uns gesellte, war nicht mehr der Mann, der sich nächtelang geduldig die Sorgen seiner Gäste angehört hatte, ob sie nun noch halb nüchtern oder schon volltrunken waren, der für jeden ein sympathisierendes Wort hatte, der ganz aufzugehen schien in den Sorgen – geschäftlicher Art oder Liebeskummer – derjenigen, die an der anderen Seite der Bar standen oder hockten.

Vorbei … vorbei …

Der Vorhang war gefallen. Ich stand wie in einem leeren Theater, es war eigentlich nur selbstverständlich, dass gleich darauf ein Heer von Putzfrauen anrückte und an mir vorbeizog. Es kam mir fast wie ein Geisterheer vor. St. Moritz hatte in diesem Augenblick jede Realität für mich verloren. Und während ich die Treppe hinaufstieg, dachte ich an das Sterben der Natur und an ihr Wiedererwachen im Frühjahr. – So ähnlich ergeht es auch St. Moritz, sagte ich mir, nur dass es zweimal im Jahr erwacht – und jedes Mal verjüngt.

ÜBERLEBEN UNTER DER GELDLAWINE

von Karl Lüönd

Ausgerechnet, als es richtig spannend wurde, hat Curt Riess (1902–1993) zu erzählen aufgehört. Sein St.-Moritz-Buch ist 1968 erschienen – in dem Jahr mit der Duftmarke des Aufruhrs, als die Jugend des Westens auf die Straße ging und den Alten zu verstehen gab, dass die befohlene politische Schockstarre ein zu hoher Preis war für die unverdauten Segnungen des Wohlstands.

Was hätte Curt Riess da wohl geschrieben (oder diktiert, weil er ja so viel zu schreiben hatte, in fünf Sprachen!): «Glitzernd stand die Geldsonne im Zenit über dem gesegneten kleinen Bergland. Es war dem Krieg entronnen und hatte sich auch durch die Koreakrise nicht verrückt machen lassen. Die schlauen Kaufleute in diesem kleinen Land hatten schon während der Kriegszeit in den Frieden investiert, also hatte sich dieser gefälligst einzustellen. Und die Friedensdividende war enorm. Was immer die Schweizer Wirtschaft unternahm: Es gelang. Die Fabriken waren lieferfähig, die Kaufleute fordernd, aber korrekt, die Patente hielten stand. Die Welt griff nach Schweizer Waren und fragte nicht nach dem Preis. So ging es gute 20 Jahre lang. 20 Jahre, wenn Sie sich das bitte mal vorstellen wollen! In diesem Land wurde dumm und dämlich verdient. Bloß redete niemand darüber. Das war die eiserne Spielregel.»

1968: Damals stand die Schweiz in der Tat auf dem Höhepunkt der Hochkonjunktur. Die Innenpolitik hatte damals eigentlich nur zwei wirkliche Probleme, Luxusprobleme, wenn man es genau nimmt: die große Zahl der Ausländer und die Bekämpfung der Inflation.

Die personalintensiven und eher modernisierungsfeindlichen Branchen – allen voran die Hotellerie und das Bauwesen – kleisterten ihre Strukturschwächen mit der Einfuhr billiger ausländischer Arbeitskräfte zu. Das führte schon damals zu einem Dichtestress, der von vielen Eingesessenen, vor allem von den Modernisierungsverlierern in den Unterschichten, im wahrsten Sinne des Wortes als «befremdend» empfunden und mit aggressiven Angstreflexen quittiert wurde. In allen Agglomerationen herrschte Wohnungsnot. Die dumpfe Angst vor den Ausländern, die den Einheimischen angeblich nicht nur die Wohnungen, sondern auch die Identität streitig machten, wurde von Rechtsaußen-Politikern wie dem Industriellensohn James Schwarzenbach politisch bewirtschaftet. Über eine analoge Angst – den Verlust der Stelle – wurde nicht gesprochen. Das wäre zu exotisch gewesen. Arbeit zu finden, war damals kein Problem.

Herrenmensch im «Tal der Könige»

Curt Riess war Autor von 100 Büchern über Film, Theater und Stars. Nach einer bis in die Fünfzigerjahre verlängerten Emigrationszeit in den USA verbrachte er die zweite Hälfte seines Lebens in der Schweiz, an der Seite der Schauspielerin Heidemarie Hatheyer, die am Zürcher Schauspielhaus engagiert war. Darum bearbeitete er auch wichtige Schweizer Themen. Seine Bücher über das Schauspielhaus, über Ascona oder das Zürcher Café Odeon sind noch heute frisch und lesenswert. Und seine Biografie von Migros-Gründer Gottlieb Duttweiler überzeugt ebenso durch Tempo wie durch Faktentreue. «St. Moritz» war für den routinierten Vielschreiber Riess ein eher kleines, beiläufiges Buchprojekt.

Schwarzenbach kann dem Juden und Ausländer Riess nicht entgangen sein. *Was hätte Curt Riess da wohl geschrieben? «Es ist eine Ironie der Geschichte, dass dieser reaktionäre Herrenmensch ausgerechnet ein Haus am Suvretta-Hang besaß, mitten im international geprägten ‹Tal der Könige›, wo auch die Agnellis und Heinekens, Marc Rich, Tina Onassis und, solange es das persische Kaiserreich noch gab, der Schah-in-Schah angesiedelt waren. Dieser gewaltige Auftrieb an Weltprominenz hat St. Moritz – das im Gegensatz zu Gstaad oder Klosters nie etwas gegen die Gesellschaftspublizistik der bunten Blätter hatte – sozusagen die Beglaubigung für den enormen touristischen Aufschwung von St. Moritz und des gesamten Oberengadins geliefert. Als 1968 der Schah verärgert war, weil sein Domizil in Suvretta nicht rechtzeitig umgebaut war, rotierte der Gemeinderat von St. Moritz in höchster Drehzahl. Eine Saison ohne Schah – das wäre undenkbar gewesen: Millionen von Verlusten für die Läden und die Restaurants in St. Moritz! In St. Anton oder in Lech hätten sie gelacht. Welch ein Prestigeverlust für St. Moritz! Die Gemeindeväter nötigten kurzerhand den stolzen Besitzer einer neu erstellten Villa am Suvretta-Hang, sein Haus zunächst der ‹Sonne aller Arier› zu vermieten. Zum Dank luden der Schah und Farah Dibah den Hausbesitzer zum Nachtessen in die Chesa Veglia ein.»*

Das moderne St. Moritz ruhte auf soliden Fundamenten. Da waren zum einen die in der Hochkonjunktur stark gestiegenen Einkommen in den westlichen Industriestaaten, zum anderen die Rationalisierungseffekte in vielen Dienstleistungsbranchen, welche massive Preissenkungen erlaubten. Internationale Hotelketten kamen nach Europa. Die Flugpreise sanken dramatisch, bedingt durch das Aufkommen von Charterflügen und den beginnenden Zerfall des IATA-Kartells, das über Jahrzehnte hinweg die internationalen Flugtarife künstlich hoch gehalten hatte. Lebensstil und Lebensqualität der Massen wurden wesentlich verbessert. Auf einmal waren Eigenheim, Auto und Ferien auch für Normalverdiener erschwinglich. Noch in den Fünfzigerjahren hatte eine Afrikareise für 4000 Franken pro Person als preisgünstig gegolten; dies entsprach damals aber etwa acht Monatslöhnen eines Arbeiters und war folglich für diesen unerreichbar. 1964 bot der in der Schweizer Reisebranche führende Veranstalter Kuoni erstmals Tunesien-Ferien an: zwei Wochen für 666 Franken – was knapp ein halbes Durchschnitts-Monatsgehalt bedeutete. Da ließen sich die Massen nicht zweimal bitten.

Die Reiselust der Völker

Was Curt Riess «die Reiselust der Völker» nennt, wurde in den Sechzigerjahren so richtig angefacht. Fernsehen, das neue Massenmedium, holte die Traumziele der Welt – bis 1968 in der Schweiz noch schwarz-weiß – in die Wohnzimmer. Reisebereit stand der VW-Käfer vor der Tür. Neue Restaurantformen erschlossen die exklusiven Genüsse auch für die Durchschnittskonsumenten; denken wir nur an Ueli Prager und sein Mövenpick, der den Schweizern die Genüsse der Paté, der Langoustines und des Riz Casimir vermittelte. Migros und ihr Hotelplan mischten den enorm wachsenden Markt der Pauschalreisen auf. Endlich hatte die Generation, die in den Kriegsjahren jung gewesen war, die Möglichkeit, all die verpassten Reisen und die entbehrten Erlebnisse nachzuholen.

Es passte alles zusammen, die Hochkonjunktur konnte blühen. Die Einkommen stiegen, der Mittelstand kam zu Vermögen. Die ersten Banken begannen, um Privatanleger zu werben. Die Schweizer, bekannt für ihre Liebe zum eigenen Heim, waren in Wirklichkeit ein Volk der Mieter geblieben; nur etwa 30 Prozent von ihnen lebten im eigenen Haus – eine Folge der hohen Bau- und Bodenpreise. Aber 1965 wurde das Stockwerkeigentum eingeführt, und manche Mieter in der Stadt wurden zu Eigentümern im Tessin – oder eben in den Bergen, wo man die Sommer- wie die Wintersaison nützen konnte.

50 Jahre später gibt es in der Schweiz rund 250 000 Stockwerkeigentums-Verträge, und jährlich kommen rund 20 000 dazu (Quelle: Schweizerischer Hauseigentümerverband). Ferienwohnungen wurden zu einer beliebten Geldanlage, auch für Ausländer, die sich massenhaft im Tessin, im Engadin und in anderen bevorzugten Destinationen einkauften. Der große Trend, der dem Engadin und St. Moritz eine Geldlawine und zugleich gröbere Probleme bescherte, war unwiderruflich in der Welt: die Zweitwohnungen.

Das Bad, die Verkehrswege, der Flugplatz ...

Das Gesicht der einmaligen Engadiner Seenlandschaft begann, sich zu verändern. In den Fünfzigerjahren waren die Bergbahnen prägend gewesen, dann die Straßen und Ortsumfahrungen, die als Antwort auf den ständig steigenden Verkehr errichtet wurden. Der touristische Dauererfolg des Engadins und seiner kleinen «Hauptstadt» St. Moritz war auf zahlreichen Pfeilern abgestützt und damit sehr solide. In der Rückschau könnte man fast von einer großen Strategie sprechen. In Wirklichkeit war es aber eher eine Summe glücklicher Einzelentscheidungen.

• Die Heilbäder- und Kurtradition von St. Moritz ging aus dem schon im 15. Jahrhundert gefassten sauren Trink- und Badewasser aus den Mauritius- und Paracelsus-Quellen hervor. Das Badewesen prägte den Generationen ein: Hier ist die Stätte für Ferien und Erholung. Schon zur Zeit der Badekuren trafen sich gekrönte Häupter und andere vornehme Leute in St. Moritz.

• Von 1903 bis 1913 wurde die Rhätische Bahn, ab 1925 auch der (zuvor gesetzlich verbotene) private Autoverkehr durch Straßenbau massiv gefördert. Dies war die Voraussetzung dafür, dass im Lauf der Jahrzehnte der wegen des Gotthardtunnel-Baus verloren gegangene Nord-Süd-Transit durch Tourismusverkehr ersetzt werden konnte.

• Seit 1937/38 sind Engadin und St. Moritz auch an den internationalen Luftverkehr angeschlossen, indem der Flugplatz von Samedan sowohl für militärische wie für zivile Nutzungen freigegeben wurde. Auf der Grundlage eines positiven Volksentscheids von 2012 wird der Engadin Airport heute weiter ausgebaut. Ein wichtiger Schritt wurde kurz nach der Volksabstimmung vollzogen, als das Bundesamt für Zivilluftfahrt den Engadiner Flughafen mit dem höchstmöglichen Sicherheitszertifikat auszeichnete.

... der Sport – und vor allem immer wieder das Besondere

• Im Takt der Entwicklung des Sports vom Gentleman-Vergnügen zum Massenphänomen war St. Moritz immer dabei. Als Höhentrainingsort verhalf es den Athleten gewissermaßen zu erlaubtem «Naturdoping». Neben Läufern machen auch andere Ausdauersportler – Skilangläufer, Radfahrer, Schwimmer, Ruderer – von den positiven Effekten des Höhentrainings Gebrauch. Diese Trainings beleben die Zwischensaison und sorgen immer wieder für willkommene Publizität in vorwiegend positiven Zusammenhängen.

• St. Moritz hat sich seit den Neunzigerjahren auch auf Gebieten verstärkt, in denen die gewollte Positionierung an der

Spitze der Ferienorte («Top of the World») sinnfällig zum Ausdruck kommt: Ein Jazzfestival in kleinem, aber gediegenem Rahmen, ein aufsehenerregendes Gourmet-Festival oder die bewusste Pflege des exklusiven Polo-Sports drücken nicht nur die Klasse, sondern auch die Vielseitigkeit des Ortes aus. In St. Moritz ist das Besondere an der Tagesordnung. Die Skeleton-Bahn, auf der die Verrückten mit der Nase ein paar Zentimeter über der Eisfläche zu Tal donnern, wurde zum Symbol für die St. Moritzer Extravaganz. Zum ganz exklusiven Shuttlecock-Club gehört nur, wer in der gleichnamigen Kurve aus der Bahn gestürzt ist.

Druck von allen Seiten

Was hätte Curt Riess, Bestsellerautor mit Berliner Schnauze und der Gabe der deutlichen Aussprache, wohl geschrieben? «Häuser, Wohnungen und Bauland in der Schweiz, insbesondere in touristisch attraktiven Gebieten, waren schon immer ein bevorzugtes Ziel des vagabundierenden internationalen Fluchtkapitals gewesen, dem in der Schweiz bis zu den globalen finanzpolitischen Umwälzungen in den Jahren 2012/13 bereitwillig Asyl gewährt wurde. So gerieten denn Engadin und St. Moritz schon am Ende der Sechzigerjahre unter vielfältigen Druck. Die Inlandnachfrage nach Ferienhäusern und -wohnungen war groß und breitete sich, der Preisentwicklung folgend, in Richtung Unterengadin aus. Die ausländische Nachfrage, zunächst vor allem die italienische, war immer stärker und klarer auf die glamourösen Playgrounds des Oberengadins gerichtet. Die zunehmende Motorisierung der Massen, die Kommerzialisierung des Sportbetriebs und die rasante Entwicklung der Medien, namentlich des Fernsehens, sorgten für eine enorme Steigerung des Tagestourismus und damit der Nachfrage nach Seilbahnen, Skiliften, Bergrestaurants und (zunehmend künstlich beschneiten) Pisten. Das Engadin war nun nicht nur noch ein Platz zum Wohnen, sondern auch zum Investieren.»

In St. Moritz hatte der Tourismus früh begonnen, und früher als andere vergleichbare Destinationen bekam die exklusive kleine Alpenstadt folglich auch die Tücken der wirtschaftlichen Langzeitentwicklung zu spüren. Fast mit jedem Erbgang und jedem Generationenwechsel veränderte sich der Charakter der für St. Moritz lebenswichtigen Vier- und Fünfsterne-Hotellerie. Manche Familienbetriebe fanden keine Nachfolger mehr und wurden fortan – mit wenigen, prominenten Ausnahmen – von angestellten Managern geleitet. Immer selbstverständlicher wurden Boden und Häuser als Handelsware begriffen und nicht als Geschäftsgrundlage für die Zukunft. Die St. Moritzer begannen, die Kühe zu verkaufen statt die Milch. Die Spätfolge: Gut 60 Prozent der Wohneinheiten in St. Moritz und dem Oberengadin sind Zweitwohnungen. In nahe gelegenen österreichischen Kurorten liegt der entsprechende Anteil zwischen 8 und 14 Prozent. Dort fällt auch der hohe Anteil an familiengeführten und familieneigenen Gastbetrieben aller Klassen auf.

Plötzlicher Reichtum verändert den Charakter

In St. Moritz und im übrigen Engadin wurden manche Erben reicher, als sie es sich je erträumt hatten. Dies veränderte auch den Charakter und die Atmosphäre der Umgebung, insbesondere der übrig gebliebenen Hotellerie, und führte dort zu übertriebenen Renditeerwartungen. Namentlich in Zeiten rückläufiger Frequenzen waren nun auch gediegene Herbergen bereit, über den Preis zu konkurrieren, sich auf das Gruppengeschäft einzulassen und das glatt polierte Marketing an die Stelle der individuellen Gästebetreuung auf höchstem Niveau zu rücken. Immer mehr Erbengemeinschaften entschlossen sich, die in der Regel veralteten Hotels abzustoßen und durch lohnende Appartements zu ersetzen. In vielen Fällen war dies freilich auch der Ausweg aus der Finanzklemme. Ein Teil des Volumens großer Häuser wurde verkauft; mit dem Erlös wurde der verbleibende Hotelteil saniert.

Dabei handelte es sich um eine Langzeitentwicklung, denn der Nachfragedruck stieg ohne Unterbruch. In manchen Gemeinden, deren Milizbehörden von der Bau- und Immobilienbranche kontrolliert wurden, kam es zu skandalösen Manövern. Am 31. August 1971 erregte ein im weitverbreiteten Zürcher «Tages-Anzeiger» erschienener Artikel großes Aufsehen. Der Verfasser, der Journalist und Landschaftsschützer Franz Weber, beschuldigte darin die Oberengadiner Gemeinde Silvaplana, in der Lawinenzone das Großprojekt durchdrücken zu wollen, obwohl im Durchschnitt alle 17 Jahre eine mächtige Lawine über den vorgesehenen Baugrund fuhr.

Franz Weber, selbst ernannter Retter aus dem Unterland

Was hätte Curt Riess da wohl geschrieben? «Franz Weber, damals 44 Jahre alt, war das rote Tuch für die im Engadin tätigen Land- und Wohnungshändler aller Art. Der flamboyante und blendend aussehende Journalist hatte in Paris vor allem mit Dichtern und Interpreten – von Jean Cocteau bis Jacques Brel – zu tun gehabt und zugleich die weltweit beachtete Aktion für die Rettung von Robben-Babys durchgezogen. Dabei bediente er sich – eine Generation vor Greenpeace – der Mechanismen der Mediengesellschaft, indem er als bildwirksame Kampagnen-Gefährtin die attraktive Schauspielerin Brigitte Bardot vorschob und seinem Anliegen damit zu überdurchschnittlicher Publizität verhalf. In der Folge stellte Franz Weber sein Leben in den Dienst von Schutz- und Rettungsaktionen für bedrohte Landschaften, Tierarten und Naturdenkmäler. Nach eigenen Angaben hat er etwa 150 solcher Kampagnen in aller Welt unterstützt bzw. angeführt. In Graubünden trat er in einer Rolle in Erscheinung, die man dort oben grundsätzlich nicht schätzt: als der Unterländer, der den Einheimischen sagt, wie sie mit Natur und Landschaft umgehen sollen. Franz Weber machte sich verhasst, doch das machte ihm nichts aus.»

Webers erste Kampagne in der Schweiz war «Rettet Surlej!», ein Aufschrei gegen die maßlose Überbauung der Oberengadiner Seenlandschaft. Ihren Ursprung nahm sie 1968, als gleich mehrere St. Moritzer Luxushotels verkauft werden sollten – ausgerechnet an den Club Méditerranée, eine der größten Massentourismus-Fabriken von Westeuropa und so ziemlich das Gegenteil dessen, was St. Moritz in der Welt der Ferien und der Erholung bedeuten wollte.

Am 21. März 1980 meldete die «Bündner Zeitung» stolz: «Silser Ebene für alle Zeiten gerettet!» Im Bundeshaus zu

Bern unterzeichneten Bundesrat Kurt Furgler, der Bündner Regierungspräsident Tobias Kuoni und 13 Grundeigentümer die Verträge, mit denen von 107 Hektaren Bauzone in der Seenlandschaft zwischen Silser- und Silvaplanersee deren 79 mit einem immerwährenden Bauverbot belegt wurden. Die Grundeigentümer hatten, dem starken öffentlichen Druck folgend, in mäßige Entschädigungen eingewilligt. Nicht eingeladen zu der Feier war Franz Weber, ohne dessen unermüdliche Agitation die Rettung nicht zustande gekommen wäre.

Später setzte sich Franz Weber auch erfolgreich für andere große Schweizer Umweltanliegen ein: den Schutz des Lavaux am Genfersee, die Erhaltung des Jugendstil-Hotels Giessbach am Brienzersee und für eine landschaftsfreundlichere Linienführung der Autobahn am Sempachersee. 1975 gründete er die nach ihm benannte Stiftung, die ein halbes Menschenalter später – Franz Weber war da schon 85 Jahre alt – einen der überraschendsten Erfolge in der jüngeren Schweizer Innenpolitik feierte: einen Erfolg, der dem inzwischen zum Hauptproblem des Engadins herangewachsenen Zweitwohnungswesen eine völlig neue Richtung geben sollte. Das Volk ordnete an, dass in Zukunft nicht mehr als 20 Prozent der Wohnungen in einer Gemeinde Zweitwohnungen sein dürfen. Im Engadin wird dieser Wert schon jetzt weit überschritten.

Gäste werden zu Geschäftspartnern

Der Schock von 1968 wirkte nach. Ein harter Kern von St. Moritzer Hoteliers, Touristikern und Kaufleuten raffte sich zu einem fundamentalen Neustart auf. Noch immer waren die meisten Hotels im Investitionsrückstand. Es gelang den St. Moritzern, vermögende Stammgäste als Investoren zu gewinnen. Der wichtigste von ihnen war der Reeder

Stavros Niarchos, der aus Liebe zur großartigen Landschaft seinen Hauptwohnsitz ins Engadin verlegt hatte. Er sicherte sich das Hotel Kulm – die Wiege des alpinen Wintertourismus schlechthin – samt den weltberühmten Cresta- und Bob-Runs sowie dem Olympia-Stadion mit dem heutigen Golfplatz und bewahrte das alles vor der Übernahme durch den «Club Méd». Niarchos investierte auch in die Bergbahnen Corvatsch und Corviglia-Piz Nair; heute gehört die Mehrheit an diesen Gesellschaften seinen Nachkommen. Diese setzten die Familientradition fort und übernahmen 2004 das Hotel Kronenhof in Pontresina, das sie – wie das Kulm in St. Moritz – mit hohen Investitionen großzügig und stilsicher restaurieren ließen.

Stavros Niarchos vermachte übrigens einen Teil seines immensen Vermögens einer Stiftung, die seither weltweit, aber vor allem in Griechenland und in Graubünden viele kulturelle und soziale Werke großzügig unterstützt. Gemäß einer hochgerechneten Schätzung der «Neuen Zürcher Zeitung» hat die Niarchos-Stiftung in den 15 Jahren nach dem Tod des Patrons rund 500 Millionen Franken ausgeschüttet – alles aus den Erträgen des Stiftungsvermögens.

Andere Investoren, die sich in St. Moritz engagierten, waren der Devisenhändler Urs E. Schwarzenbach (Suvretta House), die Fürstenbergs, Conte Rossi, aber auch reich gewordene Mittelständler wie der Zürcher Generalunternehmer Karl Steiner (Hotel Crystal), der Immobilienkaufmann Robert K. Heuberger aus Winterthur, der die Villen für Tina Onassis und Marc Rich baute, und viele andere.

Die Geburt einer Weltmarke

Was hätte Curt Riess da wohl geschrieben? «Die von Niarchos und anderen bewirkte Stabilisierung der Luxushotellerie bil-

dete die Grundlage für einen Plan, mit dem der erst 31 Jahre alte Ökonom Hanspeter Danuser 1978 seinen Posten als Kurdirektor antrat. Oder hatte er am Ende keinen Plan, nur so ein Gefühl? Das bessere Gespür als alle anderen? Kurdirektor – was ist das schon? Ein trinkfestes Schlachtross. Eine Gummipuppe zwischen den etablierten Mächten des Kurorts. Aber eine Puppe mit Ideen. Dafür wird er bezahlt. Die St. Moritzer Kurdirektoren zeichneten sich dadurch aus, dass sie jahrzehntelang im Amt blieben, während ihre Kollegen andernorts ausgewechselt wurden wie Fußballtrainer. Danuser selbst pflegte seinen Berufsstand zu ironisieren. Manchmal sagte er: Man muss nicht verrückt sein, um Kurdirektor von St. Moritz zu sein. Aber es hilft …»

Viele erklärten Danuser in der Tat für verrückt, als er mit seiner großen und zugleich einfachen Idee an die Öffentlichkeit trat. Die Medien höhnten «Warme Luft aus St. Moritz». Aber die Fachwelt, vertreten durch die Schweizerische Gesellschaft für Marketing, antwortete schon im ersten Jahr mit dem Schweizerischen Marketingpreis. Das war so etwas wie ein Ritterschlag. Was hatte Danuser getan? Er war zum Amt für Geistiges Eigentum gegangen und hatte die Marke «St. Moritz» mit dem aus den Dreissigerjahren stammenden, von der Sonne überstrahlten Schriftzug samt dem Untertitel «Top of the World» schützen lassen wie eine Handelsmarke. Seine Vorgesetzten im Kurverein ließen ihn gewähren; das taten sie in der Regel immer, wenn es nicht viel kostete.

Jede erfolgreiche Marke hat einen klar umrissenen, einleuchtenden Markenkern. Im Fall von St. Moritz beruht dieser auf dem Luxus, der durch die fünf ortsansässigen Spitzenbetriebe der Hotellerie verbürgt wird, eine weltweit einmalige Dichte von Luxushotels, wenn man bedenkt, dass St. Moritz nur rund 5000 ständige Einwohner zählt. Der Slogan «Top of the World» war anspruchsvoll bis zur Arroganz und bewusst so hochtrabend formuliert – denn er sollte eine Herausforderung sein für alle, die täglich an dieser Marke arbeiteten. Der listige Danuser hatte mit diesem Slogan auch den eigenen Leuten – vom Hotelier bis zur Kioskverkäuferin – die Latte so hoch wie möglich gesetzt. Er selber eröffnete an manchen Tagen morgens als Doktor der Wirtschaftswissenschaften ein stinkwichtiges Seminar und bestritt abends als Alphornbläser den gemütlichen Teil.

Champagner statt Prosecco

Das Profil der Marke «St. Moritz», die sogenannte Positionierung, war von Anfang an ganz klar. Dieser Ort und kein anderer will und soll die Nummer eins für Bergferien sein, im Sommer wie im Winter. Das schließt gute Dreisternehäuser und Jugendherbergen keineswegs aus. Aber Danuser und seine Verbündeten sagten sich: Wer schon hierherkommt, will sich das Beste gönnen und schaut für einmal nicht auf den Preis. Und Klasse ist auf jedem Niveau möglich.

Was hätte Curt Riess da wohl geschrieben? «Hier in St. Moritz gibt es nichts, was es nicht gibt. Jedenfalls nichts, das man nicht für Geld kaufen kann. Aber grundsätzlich geht hier Champagner vor Prosecco … St. Moritz verstand sich als ‹eine Extravaganz der Kulturgeschichte›, wie es der Schriftsteller J. C. Heer in seinem Roman ‹Der König der Bernina› formulierte. Diese Landschaft war ja auch wie ein dramatischer Roman. Sie hatte nichts Geringeres verdient als das Pathos der Dichter, auch wenn es sich bei Heer inzwischen um ein eher verwittertes Exemplar handelt.»

Eigentlich war Danusers Vorstoß ins Reich der Marken ein rotzfrecher Dreh, ein dreister Versuch. Dass es wirklich funktionierte, merkten Danuser und seine Chefs im Kurverein erstmals, als die englische BBC eine TV-Serie von 40 Folgen über Brennpunkte der westlichen Welt produzierte und diese mit einer Folge über St. Moritz einleitete. BBC stellte den Ort als das «Epizentrum des Kapitalismus» vor. Im Rückblick urteilt Danuser nicht unzufrieden: «Wir haben die perfekte Verknüpfung zwischen Lebenslust und Geld zelebriert. St. Moritz konnte ja keine großen Kampagnen machen, also hat es den Medienbetrieb bedient und gewisse Persönlichkeiten hierhergelockt: Gunter Sachs, Niarchos, Marc Rich …»

Die nette Nebenwirkung der weltweit beachteten Marken-Idee – sie schaffte es auf die Titelseiten der *Financial Times* wie des *Wallstreet Journal* – bestand darin, dass der Kurverein in Zukunft mit einem anständigen Budget unterwegs war. Denn die Nachschau ergab, dass es in der weiten Welt so ziemlich alles unter der Marke «St. Moritz» gab, von Uhren bis zu Toilettenpapier. Mit der eingetragenen Marke im Rücken wurde mit den Firmen verhandelt. In einigen Fällen resultierten daraus Lizenzverträge. Die Einnahmen sprudeln zum Teil heute noch.

Erster Vertragspartner war die Marketinggemeinschaft deutscher Augenoptiker, die mit einer Produktlinie «St. Moritz» gegen die Brillendiscounter antrat. Der Untertitel lautete immer «St. Moritz – Top of the World». Seit 25 Jahren werden die Brillen in 1500 führenden Optikergeschäften Deutschlands verkauft und auch exportiert. Unter der Marke «St. Moritz» gab es auch Champagner und Ökostrom. Der geniale Dreh funktioniert bis auf den heutigen Tag: Der Name, der für die Destination wirbt, bringt zugleich noch Geld ein.

Hanspeter Danuser ist nicht mehr Kurdirektor von St. Moritz. 2008 wurde der Tourismus im Engadin neu organisiert und die Marke in «Engadin – St. Moritz» abgeändert – «verwässert», sagt Danuser. Er war mit diesem Schritt nicht einverstanden und ging nach mehr als 30 Dienstjahren in Pension. Seither bewirtschaftet er seine Kenntnisse als Touristik- und Markenexperte sowie sein weltumspannendes Beziehungsnetz. Dass er von 2008 bis 2012 die Deutsche Bank in St. Moritz repräsentierte, mag zeigen, wie hoch sein Portefeuille eingeschätzt wird. Danuser hat außerdem einen Lehrauftrag für Markenmanagement an der Eidgenössischen Technischen Hochschule (ETH) Zürich, ist ein gesuchter Referent und bläst lustvoll das Alphorn.

Echo vom «Piz Matratz»

Von ihm stammt auch das sarkastische Wort vom «Piz Matratz», unter dem St. Moritz und das Engadin liegen – diesem riesigen Berg von meist leeren und folglich kalten Betten. Etwa 60 Prozent der Wohnungen in St. Moritz sind Zweitwohnungen und die meiste Zeit des Jahres ungenutzt. Die Infrastruktur der Gemeinde muss aber auf die Höchstbelastung ausgelegt werden. Dieweil finden die Dienstleister, die den ganzen Betrieb in Gang halten, die Kellner und Krankenschwestern, die Briefboten und Polizisten – kurz: die normal verdienenden Leute – keine bezahlbaren Wohnungen mehr. Manche wohnen auf dem Campingplatz. 60 Prozent der St. Moritzer Primarschüler sind portugiesischer Nationalität. Ihre Eltern sind als Hotelangestellte besonders beliebt.

Margrit Sprecher malte in der «Zeit» einmal das folgende Stimmungsbild: *«Am ‹Piz Matratz› steigt die Häuserflut von Jahr zu Jahr höher, bald hat sie die Bergstationen der Lifte erreicht. Elf Monate im Jahr starren hier die Häuser aus blinden Augen auf die Kehrichtcontainer am Straßenrand. Durch die leeren Gassen pfeift der Wind; höchstens ein Treuhänder oder Banker, das obligate Mäppchen unter dem Arm, eilt hastig über das Pflaster …»*

Was der Mensch so braucht: 16 Zimmer und eine Wellnessanlage …

Die Gemeinde verdient bei jeder Konjunkturlage. In guten Jahren wird das jährliche Bauvolumen auf über 100 Millionen Franken geschätzt, was anständig Steuern und Abgaben abwirft. Wenn die Häuser und Wohnungen verkauft werden (müssen), hält das Gemeinwesen erneut die Hand auf und kassiert Handänderungssteuer. Gerüchte besagen, dass an der Via Maistra, der Hauptstraße von St. Moritz, für einen Quadratmeter Wohnfläche schon über 50.000 Franken bezahlt worden sind. Und wer kauft so was? Im Lauf der Jahrzehnte sind den steuermüden Italienern und den Deutschen die Russen gefolgt. Inzwischen hat auch ein Nabob wie Lakshmi Nivas Mittal den Weg ins Engadin gefunden. Der Adlerhorst des indischen Stahl-Magnaten liegt auf 2000 Metern über dem Meer, hoch über Stadt und See von St. Moritz. Der auf dem Gelände eines pleitegegangenen Hotels erbaute Villenkomplex (die Parzelle umfasst 4000 Quadratmeter für 10 Millionen Franken) enthält alles, was der Mensch so braucht: 16 Zimmer, einen Wellnessbereich mit Hallenbad und Sauna, ein Kino, eine 45 Quadratmeter große Bar und eine Garage für sechs Wagen.

Auch in den Jahren der schwächelnden Konjunktur passte in St. Moritz eigentlich immer alles zusammen: das tadellose Image, der hohe Luxusstandard, das internationale Publikum, die wohl höchste Dichte an Pelzmänteln und teuren Modeboutiquen in Europa; dazu die Faszination des vom Mediensystem mächtig angetriebenen alpinen Skisports. Einen Höhepunkt erlebte St. Moritz mit den Alpinen Skiweltmeisterschaften von 2003. Alle Rennen fanden regulär, programmgemäß und ohne Verschiebungen statt. 170 000 Zuschauer freuten sich über die meist bei herrlichem Engadiner Wetter ausgetragenen Wettkämpfe. Die Fernsehbilder, die um die ganze Welt gingen, brachten einen spürbaren Schub für den Tourismus, namentlich in St. Moritz und in Pontresina. Die Investitionen, die – direkt und indirekt – gesamthaft auf annähernd eine Milliarde Schweizer Franken geschätzt wurden, schienen sich gelohnt zu haben. Besser hätten die Erfahrungen mit einem globalen Großanlass nicht sein können. Und natürlich gab es sofort ehrgeizige Stimmen, die das Stichwort Olympia in Umlauf brachten.

Eine starke Idee: Olympia im Engadin …

In der Folge wurde das makellose Erfolgserlebnis von 2003 zum Treiber der neuen Schweizer Olympiapläne. Die Idee erwies sich als stark genug, um in den Couloirs der internationalen Sportbürokratie zu überleben. Mitte 2012 war die Idee einer Schweizer Olympiakandidatur für das Jahr 2022 konkret. Die Landesregierung gab eine großzügige Anschubhilfe, indem sie eine Defizitgarantie von einer Milliarde Franken sowie einen Beitrag von 30 Millionen an die Kosten der Kandidatur versprach. Mit strahlenden Augen warb Sport- und Militärminister Ueli Maurer für das Projekt, das in St. Moritz und Davos stattfinden sollte. «Weiße Spiele – kurze Wege» hieß das Motto, eine Absage an den Gigantismus von Sotschi, die auch das Internationale Olympische Komitee überzeugen sollte.

Was hätte Curt Riess da wohl geschrieben? «Doch vor den olympischen Ruhm haben die für die Schweiz zuständigen Götter den beschwerlichen Weg der direkten Demokratie gesetzt. Was in anderen Ländern von einem kleinen Klüngel von Funktionären und Ministern entschieden wird, bedarf in der Schweiz der Mehrheit des Volkes, sofern der erforderliche Be-

trag eine gewisse Limite übersteigt. Und dies tat er in diesem Fall massiv. Die Bündner Kantonsregierung beantragte ihren Stimmbürgern, 8 Millionen für die Kosten der Kandidatur bereitzustellen und Investitionsbeiträge in der Größenordnung von 370 Millionen Franken vorzusehen. Die Gesamtzahlen des Projekts zeigen, wie weit Olympia 2022 von den bescheidenen ersten Nachkriegs-Winterspielen von 1948 in St. Moritz entfernt war, von denen ich seinerzeit berichten konnte, es sei die Sitzordnung an dem von der Schweizerischen Eidgenossenschaft offerierten Eröffnungsbankett das größte Problem gewesen.»

Die Nachfahren hatten auch im fernen Vorfeld von Olympia 2022 weit mehr zu klären – und vor allem größere Zahlen zu wälzen. Man budgetierte, auch vergleichsweise «einfache» Spiele würden 2,8 Milliarden Franken kosten, zuzüglich Infrastruktur-Bauten für 1,7 Milliarden. (In Vancouver 2010 waren es total 6,5 Milliarden Franken gewesen; das dortige Defizit wurde mit einer Milliarde Franken angegeben.)

So war denn der Regierungsantrag, über den zunächst das Bündner Kantonsparlament und nachher das Volk zu befinden hatte, schwer befrachtet. Allein für den Ausbau von Bahn und Straße wären zusätzlich 640 Millionen Franken nötig gewesen, wobei diese Investitionen natürlich auch nach den Spielen nützlich gewesen wären. Als gute Schweizer kalkulierten die Bündner auch die Gegenposition. Vor und während der Spiele wurde mit 520 000 bis 975 000 zusätzlichen Logiernächten gerechnet. Zusammen mit den in der übrigen Schweiz anfallenden zusätzlichen Hoteleinnahmen würde eine Wertschöpfung von 1,8 Milliarden für Graubünden und von 4 Milliarden für die ganze Schweiz herausschauen. Das war für eine Hotellerie mit rückläufigen Geschäftszahlen natürlich besonders verlockend. Olympia würde darüber hinaus vorübergehend mindestens 30000 neue Vollzeitstellen schaffen, wurde verheißen. Für die Sicherheit sollten 5000 Armeeangehörige, 2500 Polizisten und 800 Zivilschützer sorgen.

… gerät ins Fadenkreuz der Bedenkenträger

In der Öffentlichkeit bauten sich die üblichen Gegensätze auf. Die wirtschaftsfreundliche Rechte und ein großer Teil der Mitte schien der Vorlage eher zuzuneigen, während die Grünen und die Linke vor allem aus Umweltgründen ablehnten. Wie in Graubünden aber häufig, legte sich über diese Sachdifferenz wie eine Folie der ewige Egoismus und die Rivalität der Regionen. Diese regionalistische Kleingeisterei wurde schon bei einer vorhergehenden Abstimmung im November 2012 deutlich, als es um die kantonale Tourismusförderung ging. Das Nein zu dieser Vorlage wurde als schlechtes Vorzeichen gewertet – zu Recht, wie sich herausstellen sollte.

«Drei Sprachen, 150 Täler, 193400 Individuen. Das ist Graubünden, flächenmäßig größter Kanton der Schweiz, ein buntes, alpenüberspannendes Patchwork!» So porträtierte die «Neue Zürcher Zeitung» bei dieser Gelegenheit den Alpenkanton. In der Folge kam es zu einem heftigen, aber einigermaßen sachlichen Abstimmungskampf. Angezweifelt wurden vor allem die vorausgesagten positiven wirtschaftlichen Folgen; der volkswirtschaftliche Nutzen werde überschätzt, sagte zum Beispiel die Sozialdemokratin und Naturschützerin Silva Semadeni. Sodann beschwerten sich die zahlreichen außerhalb von St. Moritz und Davos gelegenen Regionen und Talschaften, sie hätten – außer der solidarischen Zahlungspflicht – nichts von dem riesigen Projekt. Andere bürgerliche und dem Tourismus wie dem Sport durchaus zugeneigte Kreise kritisierten, das Projekt sei strukturell falsch aufgesetzt worden.

Man hätte gescheiter eine gesamtschweizerische Kandidatur mit den Skisportarten in Graubünden und den übrigen Wintersportarten in den großen Schweizer Städten vorgesehen – dies auch aus Gründen der besseren Lastenverteilung.

Am 3. März 2013 fiel der Entscheid. 52,7 Prozent der Stimmenden lehnten die Olympia-Kandidatur ab. Damit war das Thema in der Öffentlichkeit erledigt. Eine allgemeine Landestrauer wurde nicht vermerkt. St. Moritz und das Engadin sind stark und realistisch genug, um das nächste Projekt in Angriff zu nehmen.

Was hätte Curt Riess da wohl geschrieben? «Denk ich an St. Moritz, und jeder, der einmal dort gewesen ist, denkt gern an dieses Dorf. Und dann hat man gewisse Assoziationen. Jedenfalls ich habe sie. Ich denke an Berge, an ewigen Schnee. An einen ruhigen See, der unendlich tief zu sein scheint. Ich denke an Sonne, an sehr viel Sonne. Und an Hotels.»

August 2013

Literaturnachweis

Patrick Halbeisen/Margrit Müller/Béatrice Veyrassat (Hg.): *Wirtschaftsgeschichte der Schweiz im 20. Jahrhundert*, Basel 2012

Silvio Margadant/Marcella Maier: *St. Moritz – Streiflichter auf eine aussergewöhnliche Entwicklung*, St. Moritz 1993

Marcella Maier/Claudia Casper/Maja Gilli/Corina Huber: *St. Moritz – Geschichte, Natur, Sport, Kultur*, St. Moritz 2002

Curt Riess: St. Moritz, Zürich 1968

Margrit Sprecher: *Der Geruch des Geldes*, Die Zeit, 30.12.2009

Neue Zürcher Zeitung (Berichterstattung über die Olympia-Abstimmung)

Über die Autoren

CURT RIESS wurde 1902 in Würzburg geboren, studierte in München, Heidelberg, Berlin und an der Sorbonne in Paris und arbeitete später als Journalist. Er emigrierte 1933 nach Frankreich und wurde 1934 US-Korrespondent für Paris Soir. Mit Kriegsbeginn engagierte ihn die United States Navy als Kriegsberichterstatter. Danach kehrte er nach Europa zurück und lebte ab 1952 in der Schweiz, in Ascona und Zürich. In seinen zahlreichen Büchern porträtiert er bedeutende Zeitgenossen und setzt sich kritisch mit dem Nationalsozialismus auseinander. Riess starb 1993 in Zürich.
Bisher erschien vom Autor im Europa Verlag *Café Odeon*, *Gottlieb Duttweiler* (Biografie) und *Ascona*.

KARL LÜÖND hat Curt Riess persönlich gekannt. Seit Jahrzehnten publiziert der anerkannte Journalist über diverse Themen. 2007 wurde er vom Schweizer Jouournalistenverband für sein Gesamtwerk geehrt.

MIX
Papier aus verantwortungsvollen Quellen
FSC® C019821

Vollständige Taschenbuchausgabe 2022

Umschlaggestaltung: Hauptmann & Kompanie Werbeagentur, Zürich,
unter Verwendung des Originalcovers von
Christine Paxmann text · konzept · grafik
und eines Bildes von © Emil Cardinaux
Layout: Christine Paxmann text · konzept · grafik
Satz: BuchHaus Robert Gigler, München
Redaktion: Lisbeth Körbelin
Druck und Bindung: C.H. Beck, Nördlingen
ISBN 978-3-95890-454-3

www.europa-verlag.com